SONJA SORBARA

Du sprichst zu mir

Wie Gottes Stimme dein Leben prägt

SCM

Stiftung Christliche Medien

SCM R.Brockhaus ist ein Imprint der SCM Verlagsgruppe, die zur Stiftung Christliche Medien gehört, einer gemeinnützigen Stiftung, die sich für die Förderung und Verbreitung christlicher Bücher, Zeitschriften, Filme und Musik einsetzt.

© 2021 SCM R.Brockhaus in der SCM Verlagsgruppe GmbH
Max-Eyth-Str. 41 · 71088 Holzgerlingen
Internet: www.scm-brockhaus.de · E-Mail: info@scm-brockhaus.de

Soweit nicht anders angegeben, sind die Bibelverse
folgender Ausgabe entnommen:
Lutherbibel, revidiert 2017, © 2016 Deutsche Bibelgesellschaft, Stuttgart.
Weiter wurden verwendet:
Elberfelder Bibel 2006, © 2006 by SCM R.Brockhaus
in der SCM Verlagsgruppe GmbH, Witten/Holzgerlingen. (ELB)
Hoffnung für alle®, Copyright © 1983, 1996, 2002, 2015 by Biblica, Inc.®.
Verwendet mit freundlicher Genehmigung des Herausgebers Fontis –
Brunnen Basel. (HFA)
Bibeltext der Neuen Genfer Übersetzung – Neues Testament und Psalmen,
Copyright © 2011 Genfer Bibelgesellschaft. Wiedergegeben mit freundlicher
Genehmigung. Alle Rechte vorbehalten. (NGÜ)
Jüdisches Neues Testament

Umschlaggestaltung: Kathrin Spiegelberg, www.spika-design.de
Titelbild: Photo by Artem Kovalev on unsplash
Autorenfoto: © Vanessa Käser
Satz: typoscript GmbH, Walddorfhäslach
Druck und Bindung: GGP Media GmbH, Pößneck
Gedruckt in Deutschland
ISBN 978-3-417-26938-3
Bestell-Nr. 226.938

Inhalt

Prolog – Sehnsucht 7

Teil 1: Gottes Herz kennenlernen – Kommunikation zwischen Himmel und Erde

1 Gemacht für Beziehung 14
2 Gott redet durch seinen Geist zu uns 26
3 Die Gabe der prophetischen Rede 43
4 Ist es immer Gott, den wir hören? 55
5 Kommunikationsblockaden ausräumen 65

Teil 2: Mein Herz auf Empfang – Prophetisch leben, hören, reden, sehen

6 Unser Geist wird lebendig 82
7 Prophetisch leben – Das Abenteuer beginnt 89
8 Hörend leben 104
9 Ein Lebensstil des Sprechens 123
10 Sehen, wie Gott sieht 136

Teil 3: Herz teilen – Intimität mit Gott erleben

11 Freundschaft mit Gott 152
12 Mein Alltag – Raum für kühnes Vertrauen 164

13 Mein Herz – Zerbrochenheit wagen 170

14 Leben aus dem Zufluchtsort 181

Epilog – Botschafter von Gottes Reich 188

Danke 191

Leseempfehlungen 192

Anleitung zur Lectio Divina 193

Anmerkungen 194

*Wir brauchen zarte Herzen,
demütig und belehrbar,
die leicht zu berühren sind,
mit einem festen Halt und Geborgenheit in Gott
und voll unerschütterlichem,
kühnem Vertrauen in seine Liebe und sein Wirken.*

*Wir brauchen hörende Ohren,
die nahe an Gottes Herzschlag sind,
die vom Tosen der Welt nicht eingenommen werden,
sondern tiefer sehen und das Ungesagte hören.*

*Wir brauchen einen Mund,
der mutig und frei ist,
um die befreienden Wahrheiten der Liebe Gottes
in die Welt hineinzusprechen;
Worte, die Leben und Hoffnung säen.*

Prolog

Sehnsucht

Meine Schafe hören meine Stimme, und ich kenne sie und sie folgen mir.
Johannes 10,27

Gottes Stimme, die mein Leben prägt. Mit ihm im Alltag leben – wie schön das klingt! Zwischen Kühlschrank und Abfallentsorgung mit Gott im Gespräch sein. Zusammen das Mittagessen planen. Den Konflikt zwischen zwei Mitarbeitenden oder den Streit der Kinder mit dem himmlischen Vater besprechen und hinter Wut und Trauer sehen können. Bei einem Projekt ein neues Ziel entdecken und ungewohnte neue Wege. Wahrnehmen, was Gott im Moment tun will und was der Anteil meiner Gemeinde oder meines Unternehmens an Gottes Plänen ist. Ein schwieriges Gespräch mit einer Ahnung beginnen, wo Gott beide hinführen will. Trostlose Gedanken und turmhohe Sorgen unmittelbar mit ihm teilen und eine neue Sicht für Schwierigkeiten erhalten. In Gesprächen Worte finden, die das Ungute zum Guten wenden. Eine feste Zuversicht haben – einem festen Boden unter den Füßen gleich –, dass er da ist, mittendrin, im Chaos und in meinen Trümmern, ohne zu verurteilen, sondern helfend und tröstend. Mit Worten Leben und Hoffnung säen, auch in die größte Unsicherheit hinein. Zu schön, um wahr zu sein?

Ich gebe zu, dass ich nicht jede Minute meines Lebens so lebe, obwohl es so viel schöner und einfacher wäre. Und ich bin auch zutiefst der Überzeugung, dass Gott sich das in etwa so gedacht hat mit uns Menschen: dass wir mit unseren inneren Ohren an seinem Herzen verweilen. Dass unser Herz auf Empfang ist, durchgehend.

Ich habe Schwächen und Fehler. Immer wieder treffe ich Entscheidungen, die mir die Sicht auf den allzeit gegenwärtigen Gott verschleiern. Und immer wieder vergesse ich schlicht und einfach, dass da jemand ist, der darauf wartet, dass ich mich ihm anvertraue, meine Gedanken und Gefühle mit ihm teile, ihn um Rat frage, ihn sehe und ehre. Er wartet nicht nur auf mich, sondern er sehnt sich nach mir. Nach Intimität mit mir.

Doch manchmal, da dringt diese Sehnsucht Gottes zu mir durch.

Lichtschimmer im Alltag

Lichtschimmer – so nenne ich die kleinen Blitzlichter, in denen mir bewusst wird, dass hinter dem, was ich sehe, etwas Größeres steckt. Ein Plan, ein Ziel und ein Weg dorthin. Das große Ganze, das meinen kleinen Puzzleteilen Tiefe und Sinn schenkt, ja, sie erst zu Teilen eines Puzzles macht und sie nicht als losgelöste Fragmente zufällig herumschwirren lässt. Momente, in denen ich Gottes Willen erkenne und seine Stimme höre, wie er es verheißt: »Meine Schafe hören meine Stimme, und ich kenne sie und sie folgen mir« (Johannes 10,27).

Diesen Lichtschimmern will ich in meinem Leben mehr Raum geben, sodass es nicht mehr nur Schimmer sind, sondern dass mein Leben mehr und mehr Gottes Herrlichkeit und Gegenwart widerspiegelt. Seine Größe und seine Liebe sollen durch mein Leben hindurch sichtbar sein, mich und mein Umfeld prägen. Ich will meine Beziehung mit Gott voller Hingabe leben. Seine Stimme zu hören soll so normal wie atmen für mich sein.

Ein Schaf, das gemütlich und selbstvergessen Gras frisst, ist trotzdem jederzeit hellwach, wenn es die Stimme seines Hirten hört. Dann wendet es seine Aufmerksamkeit sofort vom Gras weg, dem Hirten zu. Es hört den Hirten nicht nur, sondern es folgt ihm auch. Und es folgt dem Hirten, weil es vertraut ist mit ihm und mit seiner Stimme. Es kennt seine Stimme, weil es sie schon so oft gehört hat. Und weil es die Erfahrung gemacht hat, dass diese Stimme voller Liebe, Güte und Barmherzigkeit ist. Es weiß, dass durch diese Stimme Schutz und Versorgung kommt. Darum reagiert es auch sofort, wenn es sie hört. Es scheint abwesend, aber seine inneren Antennen sind ausgestreckt nach der Stimme des guten Hirten.

> *Das ist meine Sehnsucht: Gottes Stimme zu hören soll so normal wie atmen für mich sein.*

Ich habe einmal die Geschichte eines Schafbauern und seiner Frau gehört: Der Mann kümmerte sich täglich um seine Schafe. Sie lagen ihm am Herzen und er versorgte sie mit allem, was sie brauchten. Er sprach liebevoll mit ihnen und kannte jedes einzelne von ihnen mit Namen. Wenn er verhindert war, machte seine Frau diese Arbeit. Sie erledigte alles gewissenhaft, was zu tun war. Einmal stand das Ehepaar am Rand der Weide, und die Frau rief die Schafe. Keine Reaktion. Die Schafe fraßen gemütlich weiter, als wäre nichts gewesen. Da rief der Mann seine Schafe. Erst horchten sie auf. Dann kamen alle zu ihm hin und versammelten sich vor ihm.

Die Schafe kannten sowohl die Stimme des Mannes wie auch die seiner Frau. Aber sie folgten nur der Stimme des Schäfers, weil sie spürten, dass er derjenige war, der sie gernhatte und aus Liebe für sie sorgte. Er war der, der Zeit mit ihnen verbrachte, nicht nur aus Pflichtbewusstsein, sondern aus Freude und Liebe.

Ich träume von ...

Ich träume von einem Volk Gottes, das aufmerksam und mit wachem Herzen durch die Welt geht, weil die inneren Antennen ausgestreckt sind. Es ist ein Volk von Menschen, die jederzeit damit rechnen, Gottes Stimme zu hören und sich von ihr führen zu lassen. Menschen, die sicher sind, dass er zu ihnen reden und sie führen will. Ja, mehr als das: Sie sind verbunden mit dem Vater, ob er nun spricht oder schweigt. Sie sind bereit, sich in ihrer Ruhe stören und sich von eigenen Plänen abbringen zu lassen, wenn Gott sie ruft. Es sind Menschen, die in einer Liebesbeziehung mit dem himmlischen Hirten leben und sich immer wieder entschließen, alles für ihn hinzugeben. Denn sie sehnen sich danach, dass das Reich Gottes auf der Welt sichtbar wird.

Ihre Herzen sind verankert in dem unsichtbaren Gott. Sie sind Bürger des Himmels und sie wissen, dass sie geliebt sind: bedingungslos! Ihre inneren Augen sind auf den unsichtbaren Gott gerichtet. Sie sehen das Sichtbare, aber ihr Blick geht tiefer und gleichzeitig höher. Sie sehen die Liebe Gottes in der Schöpfung und sie sehen sie in den Menschen um sie herum. Sie sehen, was Gott in die Menschen hineingelegt hat, und lassen sich nicht von ihren Schwächen und Fehlern davon abhalten, danach zu leben. Sie werden von dem Herzenswunsch angetrieben, dass jeder einzelne Mensch von der Liebe Gottes berührt wird.

Ich träume von einem Volk Gottes, das um die Kraft von Worten weiß und das die Worte Gottes und seine Sicht in sich trägt. Es ist willens, Worte der Liebe und der Kraft in Schwierigkeiten und Nöte hineinzusprechen. Denn es weiß, dass die Worte Gottes Hoffnung und Leben schenken. Es lässt sich nicht vom Sichtbaren verunsichern, sondern spricht die Gedanken und Pläne Gottes aus und ruft sie so in Existenz. Es sind Menschen, durch die zahlreiche andere Menschen gesegnet und ermutigt werden. Und die es auch zulassen, sich von anderen segnen und ermutigen zu lassen.

Ich träume davon, dass das Volk Gottes voller Leben und Kraft ist, erfüllt von der Herrlichkeit Gottes. Ausgestattet mit einem zarten Herzen, das demütig und belehrbar ist, leicht zu beglücken und leicht zu berühren. Menschen, die gleichzeitig festen Halt und Geborgenheit in Gott und unerschütterliches, kühnes Vertrauen in seine Liebe und sein Wirken haben. Ausgestattet mit Ohren, die mit dem Herzschlag Gottes verbunden sind, und mit einem Mund, der bereitwillig die Wahrheiten Gottes in Hoffnungslosigkeit und Angst hineinspricht. Es sind Menschen, die einen Unterschied machen in dieser Welt. Den Unterschied der alles und jeden umfassenden Liebe Gottes, die von seinem Herzen kommt und Zugang zu unseren Herzen sucht.

Vielleicht trägst du auch diese Sehnsucht in dir?

Wir sind eingeladen, dieser Sehnsucht in uns zu folgen, ihr Raum zu geben. Gott ruft dich, mich, uns, Botschafter seiner Liebe zu sein. Seine Sehnsucht ist es, dass wir mit unserem Leben, unseren Worten, unseren Taten und unserer Herzenshaltung dazu beitragen, dass andere Menschen immer wieder von Gottes Liebe berührt, verändert und geheilt werden – und wir selbst auch.

Ich freue mich, dass du mich auf diesem Weg begleitest.

TEIL 1

Gottes Herz kennenlernen

Kommunikation zwischen Himmel und Erde

1 Gemacht für Beziehung

Mit Ehre und Herrlichkeit hast du ihn
(den Menschen) gekrönt.

Psalm 8,6

Dieses Buch ist entstanden, weil ich zutiefst davon überzeugt bin, dass Gott heute noch spricht. Durch die Bibel und durch den Heiligen Geist, der in uns wohnt. Und dass die Verbindung mit diesem Gott der tiefste innere Kern, die Grundlage unseres Daseins ist.

Ich schreibe dieses Buch in erster Linie aus meiner persönlichen Perspektive. Als Kind war mir nicht bewusst, dass der himmlische Vater zu uns spricht. Als ich das entdeckte, hat das mein Leben nachhaltig verändert. Ich schreibe dieses Buch aber auch aus der Perspektive einer Leiterin für *Hörendes Gebet*. Regelmäßig trainiere ich mit einem Team Menschen darin, *hörend* zu beten: die Stimme Gottes zu hören, zu interpretieren und das Gehörte weiterzugeben. Wir erleben, dass Gott uns einerseits persönlich ermutigt und stärkt, aber auch, dass er durch die Worte, die er uns für andere gibt, den Menschen in unserem Umfeld seine Liebe näherbringt.

Dass wir mit Gott in so einem nahen Austausch stehen können, war für mich nicht immer erlebbar und selbstverständlich.

Richtig und falsch

Ich bin christlich aufgewachsen. Von klein auf hörte ich, dass ein liebender Gott mich gewollt und erschaffen hat und dass er mit mir in einer Beziehung leben will. So wuchs ich in eine vertrauensvolle Beziehung mit Jesus hinein. Ich besuchte in unserer Kirchengemeinde die Sonntagsschule und die Jungschar. Besonders lebendig erinnere ich mich an die herzlichen und ehrlichen Leiter in der »Jungschi«. Junge Menschen investierten über Jahre ihre Zeit, Kraft und Liebe in uns Kinder. Während langer Wanderungen löcherten wir Mädchen unsere Leiterinnen mit persönlichen Fragen, die sie bereitwillig beantworteten. Sie erzählten uns von ihren Freundschaften und Nöten und gaben uns an ihrem Leben Anteil. Diese Beziehungen gehören zum Prägendsten und Wertvollsten, was ich aus der Zeit mitnehme. Es war großartig, ein Teil dieser Gemeinschaft zu sein.

Die christliche Welt der Achtzigerjahre, in der ich aufgewachsen bin, war geprägt von guter, grundlegender Lehre und dem Wunsch, viele Menschen an Gottes Herz zu ziehen. Solide Lehre und Evangelisation standen im Zentrum des christlichen Lebens und Wirkens. Es war wichtig, das »Richtige« zu glauben und entsprechend zu leben. Evangelisation habe ich in erster Linie so erlebt, andere Menschen von der »Richtigkeit« des Glaubens an Gott zu überzeugen. Es kam auf die passenden Antworten und Argumente an. Für Bedenken, Zweifel und Unsicherheiten war dabei wenig Raum. Klare, eindeutige Antworten auf die Fragen des Lebens zu haben, das war zentral.

> *Damals kannte ich Gott nur als strengen Richter: Gut konnte ich es nicht machen, nur richtig.*

Rückblickend kann ich in mir einige Folgen dieser Prägung erkennen: Eine unterschwellige Angst und unspezifische Schuldgefühle waren lange Jahre meine ständigen Begleiter. Der Gott, den ich bisher kennengelernt hatte, war zuallererst ein gerechter, aber strenger Richter, der mit Argusaugen darüber wachte, dass mir ja kein Fehler passierte. Ich vergaß selten die Mahnung, die ich oft gesungen hatte: »Pass auf, kleines Auge, was du siehst, pass auf, kleines Ohr, was du hörst, denn der Vater im Himmel schaut auf dich herab …« Die unterschwellig empfundene Schuld bewirkte, dass ich mich immer im Minus befand, was meine Beziehung zu Gott betraf, nie im Plus. *Gut* konnte ich es nicht machen, nur *richtig*. Ich stand grundsätzlich erst einmal unter Anklage und musste den Beweis erbringen, dass ich der Gnade Gottes würdig war.

Als ich dann zum ersten Mal mit dem *Hörenden Gebet* in Berührung kam, war für mich die wichtigste Neuigkeit, dass wir nicht nur mit Gott reden dürfen, sondern dass er auch zu uns reden will. Gott will sich uns offenbaren, er will sein Herz mit uns teilen? Der Gedanke war total neu für mich. Dieser Gott, der bisher vor allem Angst und Ehrfurcht in mir ausgelöst hatte, sehnt sich nach mir und hat das Bedürfnis, sich mir mitzuteilen? Es brauchte eine lange Zeit, bis diese Erkenntnis mein Herz erreichte.

Das Empfinden, dass das Reden Gottes ein riesiges Geschenk ist, ist bis heute nicht gewichen. Gott hat durch die gesamte Geschichte der Bibel zu den Menschen gesprochen. Und es wird nirgendwo erwähnt, dass er damit aufgehört hat. Auch wenn Gott manchmal schweigt: Dass er redet, ist etwas ganz Normales. Genauso normal, wie seine Stimme zu hören.

Beziehungsgott – Beziehungsmensch

Unser Gott ist ein Gott der Gemeinschaft. Er liebt es, zu uns zu sprechen und mit uns Menschen in einer Beziehung zu leben. Er will uns nahe sein, uns führen und leiten, mit uns im Gespräch sein und sein Herz mit uns teilen. Genauso liebt er es, wenn wir unser Herz mit ihm teilen. Obwohl Gott der Allerhöchste ist, wollte er sich ein Gegenüber erschaffen, um mit ihm Gemeinschaft zu haben. Ein Gegenüber, ein »Bild, das uns gleich sei … Und Gott schuf den Menschen zu seinem Bilde, zum Bilde Gottes schuf er ihn« (1. Mose 1,26-27).

Gleich dreimal wird hier gesagt, dass unser Wesen dem Bild Gottes entspricht. Er hat sich nach einem Gegenüber gesehnt! Obwohl alles da war, was man sich vorstellen konnte: Sonne, Mond und Sterne, Zeiten, Ebbe und Flut, Pflanzen und Tiere – ein Gegenüber fehlte Gott noch. Ein Ebenbild, mit dem er den Dialog sucht: wir Menschen. In Psalm 8 wird diese erstaunliche Position von uns Menschen beschrieben:

Was ist der Mensch, dass du seiner gedenkst, und des Menschen Kind, dass du dich seiner annimmst? Du hast ihn wenig niedriger gemacht als Gott, mit Ehre und Herrlichkeit hast du ihn gekrönt. Du hast ihn zum Herrn gemacht über deiner Hände Werk, alles hast du unter seine Füße getan.
Psalm 8,5-7

Dass Gott uns in seinem Ebenbild geschaffen hat, findet einen ersten Ausdruck darin, dass Gott uns Menschen seine ganze Schöpfung anvertraut (1. Mose 1,28). Obwohl Gott weiß, wie wir Menschen sind, lässt er sich nicht beirren. Er vertraut uns Großes an und verleiht uns Autorität. Er wünscht sich Menschen, mit denen er zusammenarbeiten kann, die seine Partner und an seiner Seite sind. Gott entzieht uns sein Vertrauen nicht, sondern schenkt es uns täglich neu. Darin wird unendliche Liebe und große Wertschätzung sichtbar.

Gott lebt selbst in Beziehung. Der Vater, der Sohn und der Heilige Geist sind jeder eine eigene Person. Der Kern der Dreieinigkeit ist Gemeinschaft. Und das, was er im Himmel lebt – diesen wertvollen Aspekt von sich selbst –, das gibt er von sich selbst in seine

Schöpfung: Beziehungsfähigkeit. Er schafft Menschen, die in die Gottesbeziehung mit hineingenommen werden, ein Gegenüber: »Es ist nicht gut, dass der Mensch allein sei« (1. Mose 2,18).

Aus diesem Grund erhält der erste Mensch, Adam, eine Gefährtin. Wir Menschen brauchen Gemeinschaft und den damit verbundenen Austausch. Wir brauchen es, wahrgenommen, gesehen und gehört zu werden. Geliebt. »Alles wirkliche Leben ist Begegnung«, sagte Martin Buber. Gemeinschaft ist mehr als ein Bedürfnis. Es ist für uns Menschen eine Notwendigkeit, eine Lebensgrundlage. Auch darin sind wir ein Ebenbild Gottes.

Gott ist ein Schöpfer-Gott. Sogar das Unscheinbarste – eine Schneeflocke, die sofort schmilzt, wenn sie den Boden berührt – ist kunstvoll gestaltet und mit Liebe gemacht.

Gemeinschaft ist mehr als ein Bedürfnis. Es ist für uns Menschen eine Lebensgrundlage.

Auch diese Eigenschaft hat er uns weitergegeben: Der Mensch ist fähig, ja hat ein Bedürfnis, Dinge zu kreieren, kreativ tätig zu sein, Dinge zu erfinden und zu erschaffen. Es beginnt mit der Zeichnung im Kleinkind-Alter: »Schau, Mama, was ich gemacht habe!« Einmal waren wir an einem See, an dessen Ufer viele trockene Äste herumlagen. Unser Sohn fing sofort an, eine Hütte zu bauen. Von überallher schleppte er Äste an und war so fokussiert, dass er alles um sich herum vergaß.

Gott hat Wesenszüge von sich selbst in uns hineingelegt. Ich denke, weil er es einfach liebt, sich über die Dinge auszutauschen, die ihn selbst ausmachen. Verantwortung zu übernehmen, in Beziehung zu sein, zu erschaffen und noch viel mehr. Er ist ein Gott der Gemeinschaft und der Herzensbeziehung! Wir sind zur Gemeinschaft mit ihm geschaffen und dafür, ihm als Freunde ein Gegenüber zu sein. Das Beziehungsherz Gottes ist so groß, dass jeder Einzelne darin Platz hat. Seine Sehnsucht, sich zu offenbaren, gilt allen Menschen.

Wie sich Gott Gehör verschafft

Gott ist Gott. Er findet Wege, sich mitzuteilen. Und dabei tritt eine Eigenschaft von ihm besonders hervor: seine Kreativität! Wenn Gott zu einem Menschen sprechen will, tut er es, und zwar so, dass er gehört wird. Gott kann zu jedem Menschen sprechen. Ohne Einschränkung. Jeder Mensch kann Gottes Stimme hören.

Die Bibel ist die beste Informationsquelle dafür, wie Gott früher zu den Menschen gesprochen hat und es bis heute noch tut.

In den häufigsten Fällen redet Gott da ...

- durch **Propheten**: z. B. Jeremia, Nathan, Jona, Hanna und viele mehr.
- durch **Träume** oder Engel, die im Traum gesprochen haben: z. B. zu Jakob, Daniel oder Josef, dem irdischen Vater von Jesus. Er sprach durch einen Traum zu der Frau von Pilatus, die am Morgen ihren Mann davon abhalten wollte, Jesus kreuzigen zu lassen.
- mit **hörbarer Stimme**: z. B. zu Samuel und Paulus.
- durch **Engel**: z. B. zu Daniel, Gideon, Zacharias, den Hirten in der Weihnachtsgeschichte, Maria, Petrus oder Kornelius.
- durch **Visionen**: z. B. zu Hesekiel oder dem Diener von Elisa.
- und natürlich durch den **Heiligen Geist**: z. B. in Johannes 14,16-17; 26; 16,13 und viele mehr. Damit werden wir uns noch intensiver beschäftigen.

Das wohl berühmteste Beispiel im Neuen Testament ist der Apostel **Paulus**. Auf spektakuläre Weise öffnet sich der Himmel, und die hörbare Stimme Gottes ist plötzlich da. Bevor Paulus ein Apostel wurde und in »Paulus« umbenannt wurde, war er Saulus, ein Verfolger der Christen. Also nicht nur kein Christ, sondern einer, der Christen verfolgte und umbrachte. Mehr noch, er war geradezu davon besessen, den Christen den Garaus zu machen. Als sich Saulus eines Tages auf den Weg machte, um sich eine Bewilligung dafür zu holen, noch mehr Christen gefangen nehmen zu können, wurde er von Gott sehr rigoros gestoppt. Paulus vernahm die hörbare Stimme von Jesus: »Ich bin Jesus, den du verfolgst. Steh auf und geh in die Stadt; da wird man dir sagen, was du tun sollst« (Apostelgeschichte 9,5-6). Sogar seine Begleiter hörten die Stimme, so laut und allgemein verständlich war sie.

Im Alten Testament begegnete Gott nicht nur den Stammvätern Israels und seinen auserwählten Propheten. Er redete zum Beispiel zu der Sklavin **Hagar** durch einen Engel (1. Mose 21), als sie weinend in der Wüste herumirrte und die Hoffnung auf das Überleben ihres Sohnes aufgegeben hatte. Hagar war in einer äußerst einsamen und hoffnungslosen Situation. Sie war von ihrer Herrin Sara buchstäblich in die Wüste geschickt worden. Ein Engel tröstete sie und versicherte ihr, dass Gott ihren Sohn sehen und ihn retten würde.

Zu **Bileam** sprach Gott zuerst durch einen Esel, dann durch einen Engel. Bileam wollte gegen den Willen Gottes das Volk Israel verfluchen. Darum stellte sich ihm ein Engel dreimal in den Weg (4. Mose 22). Nur die Eselin konnte den Engel sehen und wich jedes Mal aus, worauf sie von Bileam geschlagen wurde. Schließlich tat Gott ihr den Mund auf, und sie konnte Bileam fragen: »Was habe ich dir getan, dass du mich nun dreimal geschlagen hast?« Dann öffnete Gott Bileams Augen, damit auch er den Engel sehen und Gottes Anweisung hören konnte, nur den Willen Gottes über dem Volk Israel auszusprechen.

> Gott kann zu jedem Menschen so sprechen, dass er gehört wird. Selbst wenn dieser Mensch keine besondere Beziehung zu ihm hat.

Wenn wir aber eine Beziehung zu Gott haben, dann gilt die feste Zusage aus dem Johannesevangelium für uns: »Meine Schafe hören meine Stimme, und ich kenne sie und sie folgen mir.« Wir, Gottes Kinder, die wir uns für ein Leben mit ihm entschieden haben, sind seine Schafe, und wir kennen die Stimme des guten Hirten und wir folgen ihm. Diese Selbstverständlichkeit gilt für uns alle, die wir aus Liebe mit Gott leben.

Doch wie hören wir diese Stimme des guten Hirten? Dass uns Gott Esel für seine Botschaften schickt, ist ja doch eher selten. Gott kann durch alles und jeden zu uns sprechen. Durch jeden Menschen, durch alle erdenklichen Umstände und Situationen, im Alltäglichen und durch besondere Erlebnisse. Das Einzige, was es braucht, um ihn zu hören, ist ein offenes Herz.

Lebensworte aus der Bibel

Die Bibel ist das Wort Gottes. In diesem Buch stehen die Worte Gottes, die an sein Volk gerichtet sind. Durch Jesus gehöre auch ich dazu. Die Bibel ist also Gottes Reden an mich. Es ist sein Liebesbrief an mich. Sie ist die erste Anlaufstelle, wenn es um Gottes Reden geht, denn Gott hat uns darin sein Herz, seine Gedanken, sein Wirken und seine Pläne bereits offenbart. Die Bibel dient uns als Leitschnur und als Ermutigung. Sie ist vom Geist Gottes eingegeben – dem gleichen Geist, der in uns wohnt, uns lehrt und erinnert:

> *Alles, was in der Schrift steht, ist von Gottes Geist eingegeben, und dementsprechend groß ist auch der Nutzen der Schrift: Sie unterrichtet in der Wahrheit, deckt Schuld auf, bringt auf den richtigen Weg und erzieht zu einem Leben nach Gottes Willen.*
> 2. Timotheus 3,16; NGÜ

Die Bibel ist die verschriftlichte Offenbarung von Gottes Herzen, für uns aufgeschrieben. So, wie Gott seinen Sohn für uns auf die Erde geschickt hat, und so, wie er uns zuerst geliebt hat, noch bevor wir da waren – genauso hat Gott wiederum den ersten Schritt gemacht und uns mit der Bibel alles anvertraut, was wir brauchen, um zu leben.

Rhema-Worte und Logos-Worte

Wie kommt dieses Leben Gottes durch die Bibel in meinen Alltag? Wie merke ich die Auswirkungen von Gottes lebendigen Worten in meinem Herzen? Das passiert wie bei der Erschaffung der Welt: durch Gottes Atem, den *ruach*, seinen Geist.

Manchmal lässt Gott durch den Heiligen Geist Worte oder Bibelverse »aufleuchten«, die er hier und jetzt betonen will. Worte, ganze Verse oder Sätze können für uns beim Lesen plötzlich eine neue Bedeutung bekommen, obwohl wir sie vielleicht schon hundertmal gelesen haben. Sie können zu uns sprechen, uns anrühren und uns halten.

»Der Geist ist es, der lebendig macht« (Johannes 6,63). Es ist der Heilige Geist, der die Bibel zu lebendigen, kraftvoll Worten Gottes macht, die genau jetzt zu mir sprechen. Solche Worte, die durch den Geist lebendig werden, nennt man Rhema-Worte. Der Lebensatem Gottes macht aus dem geschriebenen Wort Gottes ein Wort für mich persönlich, genau für diesen Moment, für das Hier und Jetzt. *Rhema* ist griechisch und bedeutet »was geäußert wurde bei einer lebendigen Stimme; gesprochenes Wort; Wort«. Demgegenüber steht der *Logos,* das heißt »Wort, Idee, Konzept, Lehre«. Man könnte sagen: Rhema-Worte leuchten aus den Logos-Worten heraus. Logos-Worte werden in mir gebaut, ich lege mir einen Speicher an. Wenn ich in der Bibel lese, wird dieser innere Speicher gefüllt. Und dann erinnert mich der Heilige Geist an einzelne Worte. Vielleicht können wir sie gerade anwenden oder einordnen. Dann ist das ein Rhema-Wort.

> *Es ist der Heilige Geist, der die Bibel zu lebendigen Worten Gottes macht, die genau jetzt zu mir sprechen.*

Unser Sohn kam einmal angerannt, als ich in der Küche hantierte, und hielt ein Kärtchen mit einem Bibelvers in der Hand. »Mama, Gott hat zu mir gesprochen!« Auf dem Kärtchen stand: »Sorgt euch um nichts, denn Gott sorgt für euch.« Aufgeregt erklärte er mir: »Ich hatte doch einen Streit mit meinem Bruder, weil ich mein Brötchen nicht mit ihm teilen wollte. Wäre ich doch großzügig gewesen! Schau, Gott versorgt mich! Das habe ich jetzt gerade gelesen. Nicht wahr, Mama, Gott gibt mir alles – ich kann eigentlich richtig freigebig sein, oder?« Mein Sohn hatte diesen Bibelvers schon oft gelesen, aber in diesem Moment fielen die Worte direkt in sein Herz. Sie berührten ihn, sein Herz ging auf. Die Worte schenkten ihm eine neue Sicht für eine Situation, in der vorher Streit war. In diesem Moment hat Gott durch diesen Vers zu meinem Sohn gesprochen.

Es ist möglich, ohne den Heiligen Geist die Bibel zu lesen. Aber ohne ihn ist es nicht möglich, Gottes Wort zu empfangen, denn er ist es, der das Wort lebendig macht. Wenn wir die Bibel lesen, brauchen wir die Hilfe des Heiligen Geistes, der aufleuchten lässt, betont, uns ins Herz fallen lässt, was Gott jetzt zu uns sagen will: »Dein Wort leuchtet mir dort, wo ich gehe; es ist ein Licht auf meinem Weg« (Psalm 119,105; NGÜ).

»Vater, was willst du mir heute sagen?«
Meine allererste bewusste Erfahrung mit dem Hören von Gottes Stimme – auch wenn ich das damals nicht so eingeordnet hätte – machte ich, als ich zwanzig war. Und das hatte entscheidend mit dem Lesen der Bibel zu tun.

Ich war in einer Zeit des Umbruchs und empfand, dass Gott so einiges an meinem Herzen tun wollte. Es war eine Zeit, in der mir zum ersten Mal überhaupt bewusst wurde, dass ich Veränderung nötig hatte. Und ich war bereit, Gott an meinem Herzen arbeiten zu lassen, obwohl ich keinen Plan hatte, wie das geschehen sollte. Da wurde mir von einer Bekannten ein Buch empfohlen: *Herr, verändere mich!* von Evelyn Christenson. Das Buch packte mich sofort. Die Autorin beschreibt darin, dass man geistlich und persönlich wachsen kann, indem man Gott fragt, welchen Punkt *er* an einem verändern will. Dazu schlägt sie ein einfaches Konzept vor, nämlich vor dem Bibellesen Gott zu fragen: »Vater, was willst du mir heute sagen?« Dann liest man langsam, Vers für Vers, bis ein innerlich wahrnehmbares »Stopp!« kommt – wie ein innerer Flügelschlag, der innehalten lässt. An diesem Punkt verweilt man und fragt Gott, was er sagen möchte.

Ich probierte das sofort aus und war fasziniert. Praktisch kein Tag verging, ohne dass Gott mir etwas sehr Treffendes zu sagen hatte. Jedes Mal, wenn ich die Bibel las und das »Stopp!« empfand, redete Gott zu mir. Er sprach manchmal darüber, wie groß seine Liebe zu mir ist. Manchmal ermutigte er mich, ihm zu vertrauen.

Andere Male machte er mich auf Dinge in meinem Herzen aufmerksam, die er an mir verändern oder heilen wollte.

Ziemlich oben auf der Liste der Bereiche, die Gott an mir verändern wollte, fanden sich zum Beispiel meine Bequemlichkeit und meine innere Weigerung, mich bei der Haushaltsarbeit in der WG, in der ich damals lebte, von Herzen einzubringen. Er tat das auf seine liebevolle Art, sodass ich mich danach sehnte, mich verändern zu lassen!

Ja, Gott war daran interessiert, mich zu verändern, aber genauso sehr daran, mich zu ermutigen und zu bestärken. Er zeigte mir durch sein Wort, wie ich für andere beten konnte, was er tun wollte und vor allem, wie groß seine Liebe zu mir und zu allen Menschen ist. Gott auf diese persönliche Art kennenzulernen war das, was mich am meisten prägte.

2 Gott redet durch seinen Geist zu uns

Wir genießen als Kinder Gottes ein ganz besonderes Privileg: Wir haben den Heiligen Geist, der in unsere Herzen ausgegossen wurde. Paulus schreibt das als Ermutigungsbotschaft an die ersten Christen in Rom: »Hoffnung aber lässt nicht zuschanden werden; denn die Liebe Gottes ist ausgegossen in unsre Herzen durch den Heiligen Geist, der uns gegeben ist« (Römer 5,5).

Ausgegossen – wie klingt das für dich? Bei mir entsteht direkt ein Bild von Fülle, von Genug, von Überfluss. Es klingt fast nach Verschwendung! Die King-James-Bibel übersetzt denn auch: »… which he shed on us abundantly through Jesus Christ«. Wörtlich heißt das, dass Gott seinen Heiligen Geist reichlich auf uns und über uns gegossen hat.

Reichlich, überreichlich, uneingeschränkt, im Übermaß: In diesen Worten werden so viel Liebe und Großzügigkeit Gottes sichtbar! Gott hat uns nach seinem eigenen Ebenbild geschaffen, aber er belässt es nicht dabei, sondern verschenkt sich uns unablässig weiter. Er gießt seinen eigenen Geist in uns hinein – ja, überschüttet uns mit ihm – und schafft so selbst die Voraussetzung dafür, dass wir mit ihm in den Herzensaustausch eintreten können. Von Geist zu Geist, von Herz zu Herz, von Herrlichkeit zu Herrlichkeit:

> *Der Herr ist der Geist. … Wir alle aber spiegeln mit aufgedecktem Angesicht die Herrlichkeit des Herrn wider, und wir werden verwandelt in sein Bild von einer Herrlichkeit zur andern von dem Herrn, der der Geist ist.*
> 2. Korinther 3,17-18

Wer ist der Heilige Geist?

Der Heilige Geist ist der Geist Gottes. »Gott ist Geist«, sagt uns Johannes. »Der Herr ist der Geist«, schreibt Paulus den Korinthern und dass dieser Geist die Tiefen Gottes erforscht (1. Korinther 2,10). Der Geist war von Anfang an da, gegenwärtig, ruhend (1. Mose 1,2). Das hebräische Wort für den Heiligen Geist, dem wir im Alten Testament begegnen, heißt *ruach*. *Ruach* wird übersetzt mit »Wind, Atem, Geist«. Im griechischen Neuen Testament heißt der Heilige Geist *pneuma*, was ebenfalls »Geist, Hauch, Luft, Atem« bedeutet.

Im Johannesevangelium wird der Heilige Geist als der Herbeigerufene, Helfer, Anwalt, Fürsprecher, Beistand und Tröster übersetzt: *parakletos*. Der Heilige Geist ist jemand, der an unsere Seite gerufen wird, der uns hilft, tröstet, uns vertritt und verteidigt. Er ist »jemand, der für unsere Sache vor Gericht plädiert«. Der Heilige Geist ist also in erster Linie herbeigerufen, um *für* uns zu sein. Das ist sein innerstes Wesen. Er ist mein Helfer und mein Anwalt. Michael Herbst schreibt:

> *Trösten ist so sehr das »Amt« des Heiligen Geistes, dass es zu seinem Namen wird: der Tröster. So wird sein Wesen gekennzeichnet. Es heißt schon etwas, wenn jemand »August der Starke« oder »Hägar der Schreckliche« genannt wird. Jesus stellt uns Gott, den Heiligen Geist, als den Tröster vor. Gottes Wesen ist Trösten. Das ist keine Nebenbeschäftigung Gottes, wenn er gerade nichts anderes vorhat. Gottes Wesen ist voll Erbarmen und Nähe. So denkt er von uns: voller Erbarmen. Das können wir uns kaum vorstellen, dass Gott nicht andauernd über uns nörgelt und an uns herumkrittelt, dass er nicht völlig zu Recht unzufrieden, enttäuscht und bitter ist, sondern voller Erbarmen und Trost.*[1]

Der Heilige Geist bewirkt vieles in uns. Das vielleicht Wichtigste über sein Wirken können wir dem entnehmen, was Jesus kurz vor seinem Tod mit den Menschen teilte, mit denen er die Zeit seines Wirkens verbrachte. In diesem Gespräch sagte Jesus zwei Dinge über den Heiligen Geist (Johannes 14,17.26):

1. dass er der Geist der Wahrheit ist, den wir kennen und der in uns ist und bleibt;
2. dass er der Helfer ist und uns alles lehren und uns an alles erinnern wird, was Jesus gesagt hat.

Ist es nicht total beruhigend, dass Jesus im Prinzip zu den Jüngern sagt: »Macht euch keine Sorgen – ihr habt einen Beistand, der wird euch alles lehren und euch erinnern. Entspannt euch!«? Wir können uns voll und ganz darauf verlassen, dass der Heilige Geist uns alles Wichtige sagt, was wir wissen müssen. Wir haben eine Art inneren Kompass eingebaut bekommen, den wir jederzeit hinzuziehen können. Wir können entspannt sein in dem Wissen, dass wir geleitet werden.

Die Evangelien und die Apostelgeschichte sind voller Beispiele, wie der Heilige Geist ganz praktisch handelt, spricht, führt und leitet: Er erfüllt uns mit Kraft (Lukas 4,1.41), redet durch uns (Matthäus 10,20), ruht auf uns (Lukas 2,25), weist auf Dinge hin, lehrt und erinnert (Johannes 14,26; Apostelgeschichte 20,23), bleibt bei uns und in uns (Johannes 14,17) und führt uns in die Wahrheit (Johannes 16,13).

Eindrücklich wird beschrieben, wie der Heilige Geist auf den Missionsreisen von Paulus als Reiseleiter agiert: »Eigentlich hatten sie vorgehabt, die Botschaft Gottes in der Provinz Asien zu verkünden, aber der Heilige Geist hatte sie daran gehindert. Als sie sich dann Mysien näherten, versuchten sie, nach Bithynien weiterzureisen, aber auch das ließ der Geist Jesu nicht zu« (Apostelgeschichte 16,6b-7; NGÜ).

Der Heilige Geist lebt in uns und spricht zu uns. Er erinnert, lehrt, verkündigt – bleibt nur die Frage, wie er das tut.

Wie der Geist Gottes redet

Wie redet der Heilige Geist? War es beim Beispiel der Missionsreise ein Entscheid von Paulus, und seine Gefährten gehorchten aus Treue? Oder konnten alle das Reden wahrnehmen? Sprach der Heilige Geist mit hörbarer Stimme oder in ihrem Inneren?

Ich erlebe das Reden durch den Geist Gottes in meinem Alltag zum Beispiel so:

Gedankenblitze

Kennst du das? Du hast einen Gedankenblitz, der dich für ein paar Sekunden zum Nachdenken bringt. Vielleicht: »Ich könnte heute meinen Bruder anrufen.« Oder: »Mir fällt ein, schon recht lange habe ich nichts mehr von meiner Freundin gehört. Wie es ihr wohl geht?« Ich habe schon oft die Erfahrung gemacht, dass sich Gedankenblitze, die scheinbar aus dem Nichts kommen, als wichtig erwiesen haben. Daher melde ich mich meistens bei den Personen, die mir unvermittelt und mit einer gewissen Dringlichkeit in den Sinn kommen. Manchmal kommt keine Rückmeldung, aber schon oft hat sich die Person bei mir bedankt, dass ich an sie gedacht habe, und dabei erwähnt, dass er oder sie zum Zeitpunkt, als meine Nachricht kam, gerade in einer schwierigen Situation war.

Manchmal empfinde ich ein »Nein«, wenn ich etwas kaufen will. Ein anderes Mal fällt mir ein Kleidungsstück einer Person ins Auge und löst einen Gedanken aus. Oder es ist der erste Gedanke beim Aufwachen, eine Idee für ein Projekt. Diese Blitzgedanken oder Eingebungen sind Gedanken, die anders als »normale« Gedanken meine besondere innere Aufmerksamkeit erregen. Und es lohnt sich, ihnen nachzuspüren.

Gefühle und Empfindungen
Gefühle genießen im christlichen Kontext oft keinen allzu guten Ruf. Manches Mal habe ich gehört, dass Gefühle als »seelisch« oder »fleischlich« bezeichnet wurden. Damit sollte wohl ausgedrückt werden, dass Gefühle wenig mit Gott zu tun haben, sondern menschliche Regungen sind, die uns im besten Fall wie ein Gradmesser etwas anzeigen können, im schlechteren Fall jedoch nicht beachtet, ja unterdrückt werden sollten. Bei einer solchen Ansicht werden Gefühle weder als wertvoll noch als richtungsweisend erachtet, sondern als etwas, das uns nur vom Eigentlichen abhält: nämlich vom Geistlichen, das dann oft dem Seelischen entgegengesetzt wird.

Es ist wahr, dass unsere emotionale Gesundheit oder augenblickliche Befindlichkeit eine zentrale Rolle dabei spielt, welchen Einfluss unsere Gefühle auf uns haben. Ganz viele meiner eigenen Gefühle haben mit Erfahrungen zu tun, mit Ängsten oder mit meiner familiären Prägung. Da bin ich herausgefordert, zu überprüfen, woher ein Gefühl stammen könnte, wenn es auftaucht.

Aber natürlich kann Gott unsere Gefühle gebrauchen, um zu uns zu reden! Und das tut er auch. Das beginnt schon ganz grundsätzlich damit, dass Gefühle eine Funktion haben. Angst vor etwas zu haben, kann mich schützen. Wut kann der Anstoß zur notwendigen Veränderung sein. Gott kann in uns Gefühle der Barmherzigkeit, der Liebe, der Trauer oder des Zorns hervorrufen und damit über einen Menschen oder eine Situation zu uns sprechen.

Auch Jesus hatte Gefühle. Einmal empfand er Mitleid mit den Menschen, dass sie wie Schafe ohne Hirten sind, sprich: dass sie einsam sind. Dieses Gefühl löste in Jesus eine Handlung aus: »Er nahm sich darum viel Zeit, sie zu lehren« (Markus 6,34; NGÜ). Wenn ich in den Nachrichten oder am Straßenrand eine obdachlose Person sehe, löst dieser Anblick in mir einen inneren Herzensschrei aus, und ich flehe zu Gott für diesen Menschen. Für diese Person, für diesen Moment zeigt Gott mir sein Herz und bewirkt damit, dass ich bete.

Andere Menschen

Mein Mann hat mir eines Tages nach seiner Laufrunde wie nebenbei erzählt, er habe gedacht, ich solle doch wieder joggen gehen, wie ich es früher gemacht habe. Weil wir vier Kinder bekommen hatten, pausierte ich in dieser Routine erst einmal und nahm das Joggen danach aber nicht wieder auf. Sein Hinweis ging mir nach. Ein paar Tage später fing ich mit einer kleinen Joggingrunde an. Es tat mir so gut, dass ich seither wieder mehr oder weniger regelmäßig jogge. Beim Rennen spüre ich Gottes Gegenwart ganz besonders, vor allem, wenn ich im Wald bin.

Ich schenke beiläufigen Aussagen anderer Menschen Beachtung und spreche mit Gott darüber.

Mir kommen Gedanken für Sitzungen, Erkenntnisse, neue Ideen. Für mich war dieser Hinweis ein Reden Gottes. Auch haben mich Erfahrungen wie diese ermutigt, den Gedanken meines Mannes Beachtung zu schenken, die er mir nach einer Laufrunde sagt. Oft ist das die Zeit, in der er mit Gott im Gespräch ist.

Manchmal sagen Menschen beiläufig Dinge, die in meinem Herzen anklingen. Ich habe mir angewöhnt, ihnen Beachtung zu schenken und darüber mit Gott zu sprechen. Durch eine nebenher gemachte Bemerkung hat sich meine Berufswahl sortiert: Jemand sagte, dass vielleicht Erwachsenenbildnerin gut zu mir passen würde. Das ließ mich nicht mehr los. Noch heute bin ich dankbar, dass ich diese Ausbildung gemacht habe! Es ist genau das Richtige für mich.

Zeitungsartikel, Filme, Kunst

Jederzeit kann es passieren, dass uns ein Zeitungsartikel besonders anspricht, eine innere Not oder eine Reaktion der Barmherzigkeit auslöst und uns ins Gebet zieht. Weil ich nicht für die Anliegen und Nöte der ganzen Welt beten kann, höre ich beim Zeitunglesen besonders auf die Impulse des Heiligen Geistes. Gott hält uns nicht für die ganze Welt verantwortlich, sondern er hebt oft ein, zwei Dinge hervor.

Bilder, Skulpturen, Musik oder Tanz können uns im Innersten berühren. Vielleicht, weil die Wahrnehmung nicht den Umweg über unser Denken macht, sondern direkt ins Herz trifft. Kunst ist geradezu darauf angelegt, die Herrlichkeit, die in die Menschen hineingelegt ist, sichtbar zu machen. Manchmal laufen mir die Tränen übers Gesicht, wenn ich Schönheit und Kreativität sehe oder höre, weil ich die Kreativität und Schönheit Gottes darin erkenne. Ich sehe ein kleines Stück unserer Ebenbildlichkeit und werde zutiefst dadurch angesprochen.

Spannend finde ich auch immer wieder die Bilder, die meine Kinder für uns Eltern malen. Sie sagen oft so viel aus mit den Größenverhältnissen, Farben und Formen. Da gibt es übergroße Herzen, Sonnen und Blumen, die geradezu vor Liebe übersprudeln. Der Geist Gottes gibt mir so Anteil an dem Überfluss an Leben, der Gottes Wesen ausmacht.

Innere Bilder

Wenn ich für jemanden bete oder Gott um einen Eindruck bitte, erhalte ich oft ein inneres Bild. Ein inneres Bild ist eine bildliche Vorstellung in meinen Gedanken. Ganz einfach erklärt: Stell dir ein Haus vor. Welche Art von Haus ist es? Ist es ein Holzhaus, ein Reihenhaus, ein Hausboot oder eine Waldhütte? Wie hoch ist es und aus welchen Materialien ist es gebaut? Wo steht das Haus und wer wohnt darin? Wenn wir diesen Fragen nachgehen und uns die Antworten vorstellen, erzeugen wir innere Bilder. Bilder sagen oft viel mehr aus als Worte. Sie haben Tiefe und Weite und es ist spannend zu entdecken, welche Schätze sie bergen.

> Bilder sagen oft viel mehr aus als Worte. Sie haben Tiefe und Weite und bergen oft Schätze.

Eine Freundin von mir war einmal in einem Konflikt mit einer Nachbarin. Da bekam sie von einer anderen Freundin das Bild einer Tomate. Als sie nachforschte, was es denn mit der Tomate auf sich hatte, entdeckte sie folgende Eigenschaften: Die Tomate ist rot und schmeckt süß-säuerlich, sie ist ein Nachtschattengewächs und anfällig für Pilzkrankheiten. Sie wird auch »Liebes-Apfel« genannt und kann symbolisch für ein gutes Verhältnis zwischen zwei Menschen stehen, in dem derjenige die Verantwortung für das Verhältnis übernimmt, der das Symbol verwendet. Durch dieses Bild kam Gottes Reden bei meiner Freundin an. Sie empfand, dass Gott sagte, dass er den beiden Frauen die Liebe schenken wolle, die sie benötigten, und dass er selbst für ein gutes Verhältnis zwischen ihnen sorgen würde. Das hat ihr Ausdauer gegeben und die Beziehung mit der Nachbarin hat sich zum Guten verändert.

Einmal sorgte sich eine andere Freundin, weil sie wenige spezifische oder offensichtliche Gaben hat, sondern eher eine breit begabte Person ist. Sie fragte sich, ob es nicht »besser« wäre, wenn sie *eine* klare Begabung hätte. Im Gebet sah ich vor meinem inneren Auge, wie sie auf einem Pferd ruhig und würdevoll durch den Wald ritt. Den ganzen Wald hatte sie im Überblick. Nichts entging ihren Augen. Sie sah das ganze Bild, nichts schränkte ihre Sicht ein. Ich empfand, dass es genau diese Art von Menschen braucht, die das große Ganze sehen und in deren Herzen Raum ist für Dinge, auf die Gott den Fokus legen will. Ich merkte, wie Gott sagte, dass sie eine solche Frau ist, und konnte meine Freundin durch dieses Bild ermutigen, sich selbst anzunehmen.

> »Prophetie ist das Mittel, um Gottes Liebe in die Welt hinauszutragen.« Shawn Bolz

Ich selbst werde noch immer durch einige schlichte Bilder, die ich zum Teil vor mehr als zwanzig Jahren erhalten habe, ermutigt und bestärkt. Sie sprechen zu mir über meine Berufung und meine Lebensziele, über meine Wesensart und darüber, wie Gott mich sieht. Innere Bilder bleiben oft viel besser haften als Worte, weil sie leicht einen direkten Zugang zu unserem Herzen haben.

Was der Geist Gottes uns gibt

Im Alten Testament wurden die Menschen punktuell und in Bezug auf bestimmte Aufgaben mit dem Heiligen Geist erfüllt. Heute haben wir das Privileg, den Heiligen Geist beständig in uns zu haben. Er übermittelt uns auf kreative Art und Weise Gottes Reden. Und er ist auch derjenige, der uns begabt. Er gibt uns Anteil an der Fülle, dem Überfluss in Gottes Wesen. Im 1. Korintherbrief, Kapitel 12, lesen wir, was der Geist Gottes alles geben kann:

- **Wort der Weisheit:** die Fähigkeit, Einsichten in Gottes Weisheit weiterzugeben
- **Wort der Erkenntnis**: die Fähigkeit zu erkennen, was in einer bestimmten Situation zu tun ist
- ein besonderes Maß an **Glauben**
- die Gabe, Kranke zu **heilen**

- die Fähigkeit, **Wunder** zu tun
- **prophetische Rede**: die Fähigkeit, prophetische Aussagen zu machen
- **Gabe der Geisterunterscheidung**: die Fähigkeit zu beurteilen, ob etwas vom Geist Gottes gewirkt ist oder nicht
- **Zungenrede**: die Gabe, in Sprachen zu reden, die von Gott eingegeben sind
- **Auslegung der Zungenrede**: die Fähigkeit, das Gesagte in verständlichen Worten wiederzugeben

Das ist eine beeindruckende Liste von tollen Gaben. Der Geist Gottes teilt zu, wie er will, schreibt Paulus. Aber es wird auch betont: Wir dürfen, ja wir *sollen* uns nach den Gaben ausstrecken, denn Gott gibt gerne! Er gibt uns alles und wünscht sich, dass wir uns nach seinen Gaben immer mehr ausstrecken, immer mehr nach ihnen eifern. Denn mehr von seinen Gaben heißt mehr von ihm selbst. Er gibt und er möchte uns noch mehr geben.

Die Liebe ist das Höchste

Im 1. Korintherbrief finden wir viele Informationen darüber, wie Gott durch seinen Geist zu uns spricht. In Kapitel 12 listet Paulus die verschiedenen Gaben auf, die der Geist Gottes bewirkt. In Kapitel 14 steht dann viel Grundsätzliches über die Anwendung und Auswirkungen der Geistesgaben in der Gemeinde. Und dazwischen, in Kapitel 13, finden wir wohl einen der bekanntesten Texte über Gottes Liebe, das Hohelied der Liebe:

Wenn ich mit Menschen- und mit Engelzungen redete und hätte der Liebe nicht, so wäre ich ein tönendes Erz oder eine klingende Schelle. Und wenn ich prophetisch reden könnte und wüsste alle Geheimnisse und alle Erkenntnis und hätte

allen Glauben, sodass ich Berge versetzen könnte, und hätte der Liebe nicht, so wäre ich nichts. Und wenn ich alle meine Habe den Armen gäbe und meinen Leib dahingäbe, mich zu rühmen, und hätte der Liebe nicht, so wäre mir's nichts nütze. Die Liebe ist langmütig und freundlich, die Liebe eifert nicht, die Liebe treibt nicht Mutwillen, sie bläht sich nicht auf, sie verhält sich nicht ungehörig, sie sucht nicht das Ihre, sie lässt sich nicht erbittern, sie rechnet das Böse nicht zu, sie freut sich nicht über die Ungerechtigkeit, sie freut sich aber an der Wahrheit; sie erträgt alles, sie glaubt alles, sie hofft alles, sie duldet alles. Die Liebe hört nimmer auf, wo doch das prophetische Reden aufhören wird und das Zungenreden aufhören wird und die Erkenntnis aufhören wird. ... Nun aber bleiben Glaube, Hoffnung, Liebe, diese drei; aber die Liebe ist die größte unter ihnen.
1. Korinther 13,1-8.13

Es ist kein Zufall, dass Paulus inmitten von seinen Erklärungen über das Wirken von Gottes Geist tief bewegt über Gottes Liebe schreibt. Denn »Gott ist Liebe; und wer in der Liebe bleibt, der bleibt in Gott und Gott in ihm« (Johannes 4,16).

> *Die Gabe führt zum Ziel – die Liebe Gottes, sie ist das Ziel.*

Die Gaben wurden uns gegeben, um einander aufzubauen und an Gottes Herz zu ziehen. Das ist etwas, das ich immer noch am Lernen bin. Ganz lange war die Gabe selbst in meinem Fokus, auch deshalb, weil ich meine Identität ein Stück weit an ihr festmachte. Gaben sind praktisch – man kann sie üben und schärfen, man sieht ein Resultat. Man macht etwas. Es ist sichtbar und messbar.

Die Liebe hingegen ist für uns Menschen etwas Unbegreifliches, vor allem die bedingungslose Variante. Da wir selbst häufig nicht in der Lage sind, uneigennützig zu lieben, können wir uns auch fast nicht vorstellen, dass andere Menschen dazu fähig sind, geschweige denn Gott. Liebe ist auch in unserer Gesellschaft so sehr mit Leistung verknüpft, dass es wohl ein lebenslanger Weg ist, die bedingungslose Liebe Gottes in ihrer Fülle zu begreifen. Ich bin da selbst noch überhaupt nicht weit. Und ich stelle fest, dass es einfacher ist, andere bedingungslos zu lieben, als sich selbst bedingungslos lieben zu lassen.

»Strebt nach der Liebe!« – Paulus greift das auch am Anfang von Kapitel 14, in dem es um die Geistesgaben geht, wieder auf, um es nochmals sehr deutlich zu sagen: Gott geht es immer zuerst und am allermeisten um Liebe. Seine übernatürliche, bedingungslose *Agape*-Liebe soll der Boden sein, auf dem wir stehen. Aus ihr soll alles, was wir tun, erwachsen. Alle Gaben, auch das prophetische Reden, sind nutzlos, wenn wir diese Liebe nicht haben. Die Liebe selbst ist wichtiger als jede Gabe, die wir bekommen könnten: Gaben dienen einzig dazu, Gottes Liebe sichtbar zu machen. Durch die Gaben kommt die Liebe Gottes in den Herzen der Menschen an.

Die Gabe führt zum Ziel – die Liebe Gottes, sie ist das Ziel. Und so wird auch gleich klar, dass weder Manipulation noch Druck oder Anklage mit dem Ausüben von geistlichen Gaben zu tun haben. Dazu kommen wir später nochmals.

> Die Prioritäten sind aus Gottes Perspektive sehr klar: Zuerst suchen wir ihn, dann seine Gaben. Prophetisch zu leben heißt, Gott zu kennen und aus dieser innigen Beziehung mit ihm heraus zu leben. Es heißt, die himmlische, übernatürliche Perspektive und Realität mit dem alltäglichen Leben zu verknüpfen. Himmel und Erde kommen zusammen.

Es sind die Gegenwart Gottes und seine Herrlichkeit, die auf unser Leben fallen und es in ein neues Licht tauchen. Seine Gegenwart macht unser Leben zu einem Leben, das diese Herrlichkeit Gottes widerspiegelt.

Frucht des Geistes
Die Liebe ist das Höchste. Alles dreht sich um die Liebe des Vaters zu seinen Kindern. Wir Menschen dürfen uns von dieser Liebe füllen und segnen lassen und sie dann durch uns zu anderen weiterfließen lassen. Das ist kein Akt des Tuns, denn auch die Liebe wird vom Heiligen Geist in uns bewirkt.

Und darum schenkt uns der Geist Gottes nicht nur Gaben, sondern bewirkt Frucht in uns, als Auswirkung seiner Gegenwart in uns: nämlich dass wir als Kinder Gottes Jesus immer ähnlicher werden (2. Korinther 3,18). Sichtbar wird die Umgestaltung unseres Wesens an dem, was die Bibel »Frucht des Geistes« nennt.

Die Frucht hingegen, die der Geist Gottes hervorbringt, besteht in Liebe, Freude, Frieden, Geduld, Freundlichkeit, Güte, Treue, Rücksichtnahme und Selbstbeherrschung.
Galater 5,22-23; NGÜ

Der Heilige Geist, der in uns wohnt, ist also derjenige, der die Verheißungen des Vaters in uns bewirkt. Es ist nicht unser Tun, wir müssen uns nicht selbst optimieren. Wir brauchen keine App, die uns ans Verändern erinnert. Wir dürfen uns kindlich vom Heiligen Geist leiten lassen. Das heißt mit ihm in Beziehung sein und ihn immer besser kennenlernen. Er spricht zu uns, er lehrt uns, er erinnert uns. Von uns braucht es nur die Bereitschaft für die Arbeit des Heiligen Geistes. Und dass wir Gott nah bleiben, damit sein Geist diese wunderbaren Auswirkungen seiner Gegenwart in uns bilden kann.

Leben mit dem Heiligen Geist

Dass wir den Heiligen Geist als Gabe empfangen, ja dass er in unsere Herzen ausgegossen wurde, als wir uns für ein Leben mit Gott entschieden haben, muss nicht zwingend heißen, dass wir mit ihm leben. Paulus fordert uns auf, im Geist zu »wandeln«. Was meint er damit? Die Übersetzung *Hoffnung für alle* formuliert es so, dass wir das ganze Leben vom Geist Gottes bestimmen lassen sollen (Galater 5,16). Das Leben mit dem Heiligen Geist ist das Leben, das sich Gott für uns gedacht hat. Doch es erfordert von uns auch eine Entscheidung – sonst würde uns Paulus nicht dazu aufrufen, unser Leben im Geist zu führen. Es kann sein,

Wünschst du dir, dass der Heilige Geist in deinem Herzen Raum bekommt?

dass es nicht nur eine einzige Entscheidung für das Leben im Geist ist, sondern eine, die wir immer wieder treffen müssen.

Es ist durchaus möglich, dass der Heilige Geist ein ganz unauffälliges und zurückgezogenes Dasein in uns führt. Bei mir persönlich brauchte es eine bewusste und willentliche Hinwendung zu ihm, damit er anfing, in meinem Leben, in meinem Alltag, in meinem Herzen Raum zu bekommen.

Als ich ein Kind war, war der Heilige Geist selten ein Thema. Ich wusste, dass er Gott ist und zur Dreieinigkeit gehört und dass man ihn spüren kann. Beschreibungen, die ich hörte, wie »Wind, der in den Blättern zu sehen ist«, Hauch oder Geist, waren für mich eher unscharf und wenig greifbar. Ich wusste, dass es den Heiligen Geist gibt, aber ich betete zu Jesus, meinem Freund, oder zu Gott, dem Vater. Den Heiligen Geist blendete ich irgendwie völlig aus. Am ehesten konnte ich ihn noch im (schlechten) Gewissen ausmachen.

Ganz anders sah das in einer pfingstlich geprägten Freikirche aus, in die ich Anfang zwanzig dann kam. Damals wusste ich noch nichts über verschiedene Theologien, Frömmigkeitsstile und Glaubensrichtungen. Auch die Begriffe »charismatisch« oder »evangelikal« sagten mir nichts. In dieser Gemeinde machte ich zum ersten Mal die Erfahrung, dass der Heilige Geist und seine Gaben einen hohen Stellenwert hatten.

Ich fand nicht sofort Zugang zu der Art, den Glauben zu leben, die dort gelebt wurde. Vieles war mir fremd und nicht ganz geheuer. Ich kann mich zum Beispiel daran erinnern, wie irritiert ich anfangs von den Gebetszeiten war. Ich kann nicht behaupten, dass ich mich davon angezogen fühlte. Während die eine Person laut betete, wurde beständig gemurmelt. Einiges wurde hörbar mit »Ja, Vater!« oder »Amen!« bekräftigt. Manchmal wurde geweint. Die Anwesenden schienen sich mit den Worten der Person, die gerade am Beten war, stark zu identifizieren. Auf jeden Fall war das Gebet eine lebendige, persönliche Sache, so wie ich es bis dahin nicht kannte. Mir war das zunächst fast ein bisschen *zu* persönlich. Und die Worte, die beim Beten benutzt wurden! Da war von »Papa« die Rede und vom »besten Freund«. Ich war es gewohnt, dass man Gott mit »Herr« ansprach und beim Beten ruhig wartete, bis eine Person ihr Gebet mit »Amen« abgeschlossen hatte.

Aller Unbehaglichkeit zum Trotz rührte diese Art zu beten etwas in mir an. Ich war in eine völlig andere Kultur hineingeraten, als ich gewohnt war. Als es um die Frage ging, ob ich dem Heiligen Geist in meinem Leben bewusst mehr Raum geben wollte, hatte ich zunächst Angst, die Kontrolle zu verlieren. Kontrollverlust – das war eine grässliche Vorstellung für mich.

Im Vertrauen Neues wagen

Wenn wir den Heiligen Geist besser kennenlernen wollen, passiert es schnell, dass wir die Unterscheidung von Glaubenskultur und Heiligem Geist nicht immer klar fassen können. Da braucht es vor allem Vertrauen. Vertrauen, dass Gott, unser Vater, uns nicht schutzlos ins geistliche Chaos rennen lässt. Und Vertrauen braucht Mut.

Ich spürte damals in dieser Gemeinschaft, dass Gott mich herausforderte, eigene Vorstellungen und auch Kontrolle loszulassen und ihm ganz zu geben. Gott möchte gern wirken können, ohne dass ich ihn in eine Schublade meiner Vorstellungen quetsche. Darf er das?

Kürzlich hörte ich in einer Predigt, dass Paulus es sich vermutlich anders vorgestellt hatte, das Missionieren: nämlich dass sich ein paar Männer bekehren würden. Aber nein, es war ausgerechnet eine Frau, noch dazu eine alleinstehende Geschäftsfrau: Lydia (Apostelgeschichte 16,14). Sie wurde zur Gemeindegründerin in Philippi, als sie sich mit ihrem ganzen Haus taufen ließ und die Missionare zu sich nach Hause einlud. Frauen waren damals nicht viel wert. Ein offizieller Gottesdienst konnte beispielsweise nur gefeiert werden, wenn mindestens zehn Männer anwesend waren. Gott genügte es jedoch offensichtlich, das Gebetstreffen von einigen Frauen zur Geburtsstätte einer neuen Gemeinde zu gebrauchen.

Das eindrücklichste Beispiel dafür, das Gott unwillig ist, sich an menschliche Maßstäbe anzupassen, ist die Geburt seines Sohnes Jesus Christus: ein uneheliches Kind, das armseliger nicht hätte zur Welt kommen können, geboren als Ausländer in einem der Familie fremden Land! Hätte sich das jemand ausdenken können, dass ein König so auf die Erde kommt? Mit diesem Konzept eckte Gott so sehr an, dass er eine große und etablierte Gruppe von Gläubigen, die Gesetzeslehrer von Israel, nachhaltig irritierte.

Gott mag wohl keine Schubladen. Seine Pläne passt er nicht unseren Vorstellungen an. Wenn er mit seinem Heiligen Geist an uns und durch uns wirkt, dann tut er das auf seine eigene Art. Und genau davor fürchtete ich mich!

> *Gott ist Gott. Seine Pläne passt er nicht unseren Vorstellungen an.*

Als ich vor der Entscheidung stand, dem Heiligen Geist in meinem Leben bewusst Raum zu geben, spürte ich, dass es um eine Frage ging: Kann ich Gott wirklich voll und ganz vertrauen? Kann und will ich das Risiko eingehen, mich in seine Hände zu begeben und mich ihm mit allem, was ich bin und was mich ausmacht, anzuvertrauen? Bin ich bereit, mich von ihm verändern zu lassen, auch wenn das zuweilen anstrengend ist und viel Demut erfordert?

Gott hetzt uns nicht. Er gibt uns Zeit, ihn kennenzulernen, als Vater, Sohn und als Heiligen Geist. Aber er hat uns genau deshalb in seinem Ebenbild erschaffen, dass wir ihn erkennen können. Gott ist entspannt! Wir dürfen ganz darauf vertrauen, dass er durch seinen Heiligen Geist in uns wirkt und uns in sein Bild verändert, wenn wir ihm die Erlaubnis dazu geben. Er tut es auf seine sanfte, liebevolle Art. Mein Weg, dieses Vertrauen zu entdecken, dauert bis heute an. Mit jedem von uns geht Gott da einen eigenen Weg der Nachfolge.

3 Die Gabe der prophetischen Rede

Alle Geistesgaben wurden uns aus einem einzigen Grund gegeben: der Gemeinde, dem Volk Gottes, zu dienen, um in der Liebe und der Erkenntnis über Gott zu wachsen. Die Absicht Gottes mit den Geistesgaben ist es, die Gemeinde aufzubauen und aus vielen eins zu machen. Niemals geht es darum, einzelne Personen besonders hervorzuheben, sondern um die Gemeinschaft, den Leib Christi, um das gemeinsame Wirken von Gottes Volk in Einheit und Kraft. Das kann ein Mini-Gesprächskreis, ein Treffen Einzelner oder eine große, etablierte Kirchengemeinde sein. Wenn wir als Einzelne daran interessiert sind, das Ganze zu stärken, dann kann das Ganze über die Kraft der Summe hinaus den Menschen ganz anders dienen.

Einheit hat große Kraft. Mehr noch: Einssein ist etwas, dass es in dieser Vollkommenheit nur im Himmel gibt. Deswegen bringt sie auch der Geist Gottes hervor. Es ist eine Art himmlische Beziehungskultur, die zwischen uns auch hier auf der Erde zunehmen soll.

> Gott ist auf innige Gemeinschaft und ungehinderten Kommunikationsfluss zwischen Himmel und Erde aus.

Das kann nicht genug betont werden, weil wir Menschen dazu neigen, uns selbst hervortun zu wollen. Oft habe ich schon Neid empfunden oder den anderer miterlebt, wenn es um geistliche Gaben ging. Und oft steht die (geistes-)begabte Person im Zentrum, anstatt das Wirken des liebenden Gottes durch einzelne Gaben hindurch. Aber das will Gott mit seinen Gaben nicht hervorbringen. Er ist immer auf innige Gemeinschaft, ungehinderten Kommunikationsfluss zwischen Himmel und Erde aus – und sein Geist öffnet uns die Tür, um da hineinzukommen.

Bin ich prophetisch begabt, wenn ich Gottes Stimme höre?

Eine der Geistesgaben schauen wir uns jetzt genauer an: die Gabe der prophetischen Rede. Gottes Stimme zu hören oder prophetisch begabt zu sein, ist nicht dasselbe. Hören tun wir alle, denn wir sind alle seine »Schafe«, die seine Stimme hören können. Wir sind mit ihm verbunden und wir kennen seine Stimme. Damit sind wir aber nicht automatisch prophetisch begabt. Prophetisch begabt zu sein ist eine besondere Geistesgabe, ein Geschenk des Heiligen Geistes.

Nicht prophetisch begabt zu sein ist kein endgültiger Zustand, denn: Wir dürfen uns nach dieser und nach allen anderen Gaben ausstrecken, sie uns wünschen. Sogar ganz besonders die Gabe der prophetischen Rede: »Bemüht euch um die Gaben des Geistes, am meisten aber darum, dass ihr prophetisch redet!« (1. Korinther 14,1). Und Paulus wünscht sich: »Ich möchte, dass ihr alle in Zungen reden könnt; aber noch viel mehr, dass ihr prophetisch redet« (1. Korinther 14,5).

Prophetisch begabt zu sein ist ein Geschenk des Heiligen Geistes.

Als das Volk Israel in der Wüste war und einmal mehr seinem Ärger und Unmut Luft machte, äußerte auch Mose den Wunsch, dass Gott seinen Geist auf das ganze Volk legen würde und alle Propheten wären. Er wusste, dass sich die Perspektive des Volkes, seine Hingabe an Gott und sein Blick für die Umstände sofort und grundlegend verändern würden, hätten sie diesen Geist Gottes, der im Alten Testament ja nur punktuell auf die Menschen kam und nur ausnahmsweise Menschen dauerhaft erfüllte – wie Mose.

Bei der Gabe der prophetischen Rede steht es im Vordergrund, Worte weiterzugeben. Die prophetische Rede geht einen Schritt weiter als das persönliche Hören der Stimme Gottes: Wir hören Gott und wir sprechen die gehörten Worte aus, um sie jemand anderem weiterzugeben. Wir treten also aus der Beziehung »Ich – Gott« heraus und in die Beziehung »Gott – ich – du« ein. Dieses »Du« kann ein einzelner Mensch oder eine Gruppe von Menschen sein, oder wir prophezeien über Gemeinden, Städten und Nationen. Alles muss unbedingt in klar definierten Strukturen und Beziehungen geschehen.[2]

Weil wir wissen, dass es unser Auftrag ist, die Menschen in der Gemeinde – und so den Leib Jesu – aufzubauen, werden wir anders prophezeien, als wenn wir nur uns selbst oder ausgewählte Einzelpersonen im Blick hätten. Deswegen ist es immer wieder nötig, dass wir unseren Blick weiten, weg von unserem eigenen Herzen und hin zur Gemeinde, zum Leib. So können wir immer die Stärkung der Gemeinschaft im Blick haben, während wir den einzelnen Menschen durch unser prophetisches Reden ermutigen.

Worte landen in Beziehungen

Ein wichtiger Punkt beim Weitergeben von prophetischen Worten ist die Beziehung, in der wir mit der Person stehen, an die wir Worte weitergeben wollen. Ich kann meine Eindrücke nicht in einem luftleeren Raum anbringen, sondern sie können ihre Wirkung nur in einem Raum des Vertrauens entfalten. Wenn ich mich nicht für meine Mitmenschen interessiere, dann fragt sich, mit welcher Motivation ich Eindrücke weitergebe. Wenn ich nicht als vertrauenswürdige Person bekannt bin, werden meine Worte auch nicht angenommen werden.

Wir brauchen eine Erlaubnis, um ins Leben anderer hineinzusprechen, und im Normalfall ist diese Erlaubnis gegenseitig. Anders ist es bei einem prophetischen Dienst: Hier ist klar, dass wir auch nicht oder wenig bekannten Menschen Worte weitergeben können. Doch selbst in diesem Kontext ist Vertrauen die Grundlage dafür, damit die prophetischen Worte angenommen werden können. In gesunden Beziehungen können die Worte ihre Kraft und Wirkung voll entfalten.

»Wenn ich prophetische Eingebungen habe, wenn mir alle Geheimnisse enthüllt sind und ich alle Erkenntnis besitze, … aber keine Liebe habe, bin ich nichts« (1. Korinther 13,2; NGÜ). Mit prophetischen Worten wollen wir Menschen an das Herz Gottes ziehen. Und wo wir das in der Liebe tun, können die Worte auch landen.

Der Aspekt der Gemeinschaft prägt auch unsere eigene Herzenshaltung, wenn wir ein prophetisches Wort weitergeben. Es geht nämlich nicht nur darum, andere zu ermutigen, sondern auch darum, dass in uns allen das Bewusstsein zunimmt: Wir alle können die Stimme des Hirten, unseres himmlischen Vaters, hören! Wenn wir das vor Augen haben, werden wir uns selbst als Teil dieses großen Ganzen sehen und nicht als Super-Prophet in einsamer Mission. Unsere Grundhaltung ist, dass die Person, die den Eindruck empfängt, auch zu den Kindern Gottes gehört und die Stimme des Vaters kennt. Unsere Worte sollten vor allem eine Bestätigung dafür sein, was die empfangende Person schon von Gott gehört hat.

> *Durch prophetisches Reden nimmt in allen das Bewusstsein zu, dass wir die Stimme unseres Vaters hören können.*

Worte weitergeben

Das Weitergeben von prophetischen Worten beinhaltet sehr viel Sprengstoff. Viele Menschen können Geschichten davon erzählen, wie sie sich durch Worte, die von anderen Menschen leichtfertig als

»von Gott« deklariert wurden, verunsichert, verwirrt oder gedrängt fühlten. Unsere Worte haben Kraft. Und darum müssen wir mit ihnen sehr umsichtig umgehen.

In bin Teil einer prophetischen Trainingsgruppe in unserer Gemeinde.[3] Dort üben wir seit einigen Jahren regelmäßig das Weitergeben von prophetischen Worten. Wir wollen Worte so vermitteln, dass sie weder bedrängen noch verletzen, dass sie keinen Druck ausüben und möglichst keine Verwirrung auslösen. Dafür haben wir Richtlinien aufgestellt, an die wir uns halten. Darum auch: Training!

- **Wir beanspruchen keine Absolutheit.** Deswegen verwenden wir weder den Ausdruck »Gott sagt« noch »der Herr spricht«, sondern wir sagen: »Ich empfinde«, »Ich glaube« oder »Ich habe den Eindruck, dass Gott sagt …«. Wenn wir für uns beanspruchen, dass Gott durch uns redet, ist alles, was wir sagen, manipulierend. Wer würde sich allen Ernstes trauen, etwas gegen ein »Wort von Gott« zu sagen? Wenn wir so sprechen, nehmen wir absolute Autorität in Anspruch und aberkennen diese gleichzeitig der Person, die wir ermutigen wollen. Durch diese Art von Stolz und Manipulation ist schon viel Schwieriges passiert, und dies ist wohl auch zu einem guten Teil dafür verantwortlich, dass das Prophetische in einigen Gemeinschaften einen widersprüchlichen Ruf genießt.
- **Wir fügen einem Eindruck nichts Eigenes hinzu.** Wir machen ihn nicht klein (»Ich bin total unsicher, aber …«), bauschen ihn aber auch nicht auf (»Ich habe ganz stark den Eindruck …«).
- **Wir achten darauf, keine negativ geprägten Worte oder Ausdrücke zu verwenden**, selbst wenn sie im Nachhinein positiv interpretiert werden (zum Beispiel: dunkle Wolke,

Einbahnstraße, gefangen, zugemauert, steinernes Herz etc.). Einmal sagte eine Person in einer Übungsrunde zu einer anderen, sie sähe ein Loch in deren Herz, aber durch dieses Loch scheine die Sonne und erhelle die Umgebung. Sie hätte den Eindruck, so die Interpretation, dass Gott durch die Brüche und Verletzungen des Herzens viel Gutes bewirken würde. Ein Loch im Herzen, *anyone*? Selbst wenn das Loch mit Watte verpackt und mit einer rosa Schleife versehen wäre: In mir hinterließe so ein Eindruck zumindest ein schales Gefühl.

- **Wir bleiben nicht bei der »Diagnose« stehen, sondern gehen zur »Prognose« und sprechen aus, was Gott tun will.** Wenn wir Dinge sehen, die schmerzhaft sind – und das wird ein Teil dessen sein, was wir wahrnehmen –, gehen wir immer einen Schritt weiter und fragen Gott: »Was willst du tun? Was sind deine Gedanken und deine Pläne?« Im obigen Beispiel hätte die Person vielleicht sagen können: »Ich empfinde, dass Gott durch dich wirkt – durch alles, was du bist und was dich ausmacht – und dass er besonders durch die schwierigen Dinge, durch die du gegangen bist, andere segnen, heilen und freisetzen wird.« Man könnte es sicher noch viel besser sagen, aber hier bleibt kein Loch im Herz als Erinnerung zurück.
- **Wir wählen einfache und klare Worte.** Wir machen keine manipulierenden Aussagen oder solche, die die Intimsphäre von anderen verletzen. Wir geben keine Handlungsanweisungen und kontrollieren nicht, was die Person mit dem Eindruck macht. Auf den Punkt gebracht: Wir versuchen, in allem, was wir sagen, demütig und integer zu sein. Wir bauen unser Selbstwertgefühl nicht auf krasse, richtungsweisende Worte, sondern geben gehorsam weiter, was wir empfinden, das Gott in diesem Moment durch uns zu dieser Person sagen will.

Unsere Richtlinien sollen weder einschüchtern noch einengen, aber das Weitergeben von Eindrücken muss in einem guten Rahmen, in Offenheit und mit gegenseitiger Freiheit erfolgen. Wir müssen tatsächlich eine Art Sprache einüben, eine, die frei ist von Druck, Anweisung und Zwischentönen.

Unsere Sprache ist ein Ausdruck davon, wer wir sind und was wir glauben. In unserer Sprache treten unsere Theologie und unser Weltbild zutage. Da Worte Kraft haben und vieles bewirken können, haben wir durch unsere Richtlinien den Schutz der Person, die den Eindruck empfängt, höher priorisiert als die Freiheit der Person, die den Eindruck weitergibt.

Für das Weitergeben von prophetischen Worten finde ich die folgende Anleitung hilfreich:[4]

> *Wir müssen eine Sprache einüben, die frei ist von Druck, Anweisung und Zwischentönen.*

- Was ist der Eindruck?
- Wie ist die Interpretation?
- Was (davon) gebe ich weiter?
- Wie sage ich es?

Diese vier Schritte üben wir in unserer Trainingsgruppe rauf und runter. Es gibt auch nach vielen Trainingsabenden immer wieder Neues zu entdecken und miteinander zu lernen. Und da sind wir auch schon beim wesentlichen Punkt: Liebe, Lernbereitschaft und Demut sind die Eigenschaften, die das Weitergeben von prophetischen Worten am allermeisten prägen sollten. Alles, was wir von Gott empfangen, geben wir aus einer demütigen – nicht zu verwechseln mit minderwertigen! – Haltung weiter. Darum wählen wir unsere Worte sorgfältig, in Zusammenarbeit mit dem Heiligen Geist.

Eine Person in der Trainingsgruppe fragte einmal, ob wir nicht einfach alles weitergeben sollen, was wir hören oder sehen – schließlich sei es ja der Heilige Geist, der spreche. Und soll man wirklich das Reden des Heiligen Geistes beschneiden? Ich bin überzeugt: Gott will an diesem Punkt unser Herz trainieren. Nein, wir sollen nicht alles weitergeben, was wir hören, sehen und empfinden. Wie gesagt, als prophetische Menschen nehmen wir oft vieles wahr. Das, was wir weitergeben, unterliegt einem einfachen Gebot: Es soll hilfreich, ermutigend, tröstend und aufbauend sein – so wie der Geist Gottes auch mit uns umgeht. Darum achten wir darauf, wie wir unsere Worte wählen. Darum lernen und üben wir. Darum wollen wir in der Liebe wachsen.

Ermahnen mit dem Geschmack von Himmel

Die Gabe des prophetischen Redens dient im Leib Jesu hauptsächlich in drei Bereichen: zur Erbauung, zur Ermahnung und als Trost:

> *Wer aber prophetisch redet, der redet zu Menschen zur Erbauung und zur Ermahnung und zur Tröstung. Wer in Zungen redet, der erbaut sich selbst; wer aber prophetisch redet, der erbaut die Gemeinde.*
> 1. Korinther 14,3-4

Besonders das Ermahnen hat schon zu viel Schmerz und Schaden geführt. Darum ist es mir wichtig, es etwas genauer zu betrachten. Unter Ermahnen verstehen wir meistens, anderen Menschen zu sagen, wo sie falschliegen. Aber: Um zu merken, wo andere falschliegen, braucht es sehr selten eine prophetische Gabe. Wo Menschen stehen, wo sie Probleme haben und wo sie verletzt sind, spüren wir auch sehr gut mithilfe unserer Menschenkenntnis und Feinfühligkeit. Zu erkennen, wo jemand falschliegt, ist einfach. Zu sehen, wo jemand Hilfe braucht, ist etwas schwieriger, aber immer noch einfach. Zu sehen, was Gott in Menschen, Institutionen oder Länder hineingelegt hat, was ihre Berufung und Bestimmung und aktuell noch nicht sichtbar ist – das ist prophetisch.[5]

Der Heilige Geist ist Tröster, Helfer, Anwalt und Fürsprecher. Weil das sein Wesen ist, können wir fröhlich davon ausgehen, dass auch jede Art von Ermahnung, die er in uns bewirkt, von einer unfassbaren Liebe durchdrungen ist. Ermahnung hat nichts mit Anklage zu tun, sondern damit, miteinander durch eine schwierige Situation zu gehen. Meine Freundin Rebekka hat in einem Kurs veranschaulicht, wie das gemeint ist: Anstatt einer anderen Person gegenüberzustehen und mit dem Finger auf ihre Schwachheiten zu zeigen, stehen wir neben der Person, vielleicht sogar Arm in Arm, schauen das Problem gemeinsam an und überlegen dann zusammen, wie wir es angehen könnten. Ich zeige der Person so zuerst meine Liebe und dann meine Bereitschaft, an ihrer Seite zu sein und ihr zu helfen.

Ermahnung als Gabe, die der Geist Gottes gibt, ist ohne Liebe nicht möglich. Wen wir ermahnen dürfen, beschränkt sich auf die kleine Gruppe von Menschen, die wir zu lieben vermögen. Und ich würde noch einen Schritt weitergehen und sagen: Ermahnung ist nur da erlaubt, wo wir für einen Menschen (oder eine Gruppe von Menschen oder eine Institution) auch Verantwortung übernehmen.

> Das Maß an Liebe und Verantwortung, das wir für jemanden haben, bestimmt das Maß an Autorität, das wir im Leben anderer haben. Und dieses Maß bestimmt die Grenze, wie weit wir ins Leben anderer hineinsprechen dürfen.

Ich darf zum Beispiel meine Kinder ermahnen, denn ich liebe sie und sorge täglich für sie. Ihr Wohl ist mein Herzensanliegen! Ermahnen ohne Liebe ist nicht möglich; es ist sogar immer verbunden mit geteiltem Schmerz, aufrichtigem Mitleid und Barmherzigkeit. Wenn wir andere ermahnen, ist entscheidend, wie wir es tun und aus welcher Herzenshaltung. Da können wir uns an Gott ein Beispiel nehmen, der von sich sagt, dass uns seine Güte zur Umkehr leitet. Seine Güte – nicht seine Strenge und nicht sein Urteil.

Der Ballettlehrer einer Freundin korrigierte sie so: »Wenn du es so machst, klappt es noch besser!« oder: »Hier musst du anspannen, damit du diese Bewegung schaffst!« Für mich ist das ein treffendes Bild dafür, wie der Heilige Geist uns ermahnt, korrigiert und hilft, nämlich voller Liebe und mit dem Blick auf das Potenzial. Er sagt nicht: »Du machst das ganz falsch!«, sondern: »Wenn du an dieser Position etwas änderst, kommst du weiter!« Die Ermahnung, das Training, das der Heilige Geist in uns bewirkt, ist immer liebevoll, immer ermutigend, voller Hoffnung und Güte.

Unser Gott ist Leben und Hoffnung. Seine Worte sind so liebevoll und gütig, dass sie in mir eine Sehnsucht nach immer mehr von ihm auslösen. Nach seiner Gegenwart. In seinen Worten ist weder Anklage noch Verdammnis. Dave Jäggi schreibt in seinem Blog *Sola Gratia*[6]: »Liebevoll, ermutigend und herausfordernd. Diese drei Adjektive kennzeichnen das Reden von Gott, wie ich es die letzten bald 20 Jahre bewusst erfahren habe.«

Ich erlebe das auch so. Selbst wenn Gott mich korrigiert, macht er das liebevoll. Bei solchen Gelegenheiten erfahre ich, was es heißt, dass seine Güte mich zur Umkehr bewegt.

Was ist ein Prophet?

> Ein Prophet ist eine Person, die das Herz, die Pläne, die Natur und das Reich Gottes hört, sieht, wahrnimmt und die zu Menschen, Städten, Nationen, Organisationen und zur ganzen Schöpfung spricht.[7]

Das Wort »Prophet« bedeutet wörtlich »Aussprecher«. Ein Prophet tritt im Namen einer höhergestellten Person auf, meist ist es Gott selbst. Er dient wie ein »Dolmetscher« für die Menschen, als »Mund Gottes«. Prophetinnen und Propheten sind Menschen, die nicht nur die Gabe der prophetischen Rede haben, sondern von Gott berufen sind und von Menschen und Institutionen anerkannt und in ein Amt eingesetzt werden (1. Korinther 12,28). Beide Punkte sind relevant:

- die Berufung durch Gott
- und die Bevollmächtigung durch Menschen.

Kris Vallotton, prophetischer Leiter der *Bethel Church* in den USA und Mitbegründer der *School of Supernatural Ministry*, sagt sehr klar: »Gott mag dich zum Propheten berufen haben, aber solange die Leiter in deinem Autoritätsbereich … dich nicht auffordern und bevollmächtigen, Einfluss und Autorität auszuüben, bist du nur für dich selbst ein Prophet.«[8]

Wir sind also keine Propheten, wenn wir Gottes Stimme hören. Auch nicht automatisch, wenn wir die Gabe der prophetischen Rede empfangen haben.

Gott hat schon immer mit uns Menschen kommuniziert. Jeder Mensch sollte ihn selbst hören und mit ihm reden können. Propheten waren ursprünglich gar nicht geplant. Es gab sie nur aus dem Grund, weil die Menschen es ablehnten, direkt mit Gott zu kommunizieren. Das Volk Israel hätte direkten Zugang zu Gott haben können, aber sie flehten Mose an: »Rede du mit uns, wir wollen hören; aber lass Gott nicht mit uns reden, wir könnten sonst sterben« (2. Mose 20,19). Mose war also nur deshalb Prophet, weil das Volk Israel sich vor Gott fürchtete.

Mit Jesus hat Gott den ursprünglichen Plan wiederhergestellt: dass wir durch seinen Heiligen Geist eine direkte Verbindung zu ihm haben. Auch ohne das Amt eines Propheten dürfen und sollen wir die Natur und das Herz Gottes bekannt machen. Ja, wir sind immer Botschafterinnen und Botschafter. Ob wir wollen oder nicht, wir sind Vorbilder durch unsere Worte, unsere Herzenshaltung, unser Leben. Was wir glauben, leben und sprechen wir.

4 Ist es immer Gott, den wir hören?

Ich liebe es, immer wieder neue Wege zu entdecken, wie Gott zu uns sprechen kann. Es kann ein Schmuck- oder Kleidungsstück sein, das ein Mensch trägt und das uns besonders anspricht; ein Einkaufsbeleg, eine kaputte Blumenvase oder ein heruntergefallenes Blatt.

Einmal fiel mir auf dem Nachhauseweg, als ich meine Tochter in den Kindergarten gebracht hatte, eine Birke auf. Sie war schon immer da gewesen, aber an diesem Tag zog sie meinen Blick auf sich. Ich blieb stehen, um sie zu betrachten. Sie hatte neben den filigranen Blättern ganz feine Blüten. Ich spürte etwas, das ich das »innere Klicken« nenne: ein Bewusstsein von Gottes Gegenwart hier und jetzt, bei dieser Birke, aufleuchtend in der Zartheit und vollkommenen Schönheit dieses Baumes. Mir war, als würde Gott durch diese Birke über die Würde und den Wert meiner Kinder zu mir sprechen. Gerade an einem Tag, an dem schon am Morgen böse Worte gefallen waren! Gottes Blick auf meine Kinder, offenbart durch die Schönheit einer Birke – das fiel mir tief ins Herz. Und wann immer ich eine Birke sehe, werde ich an diesen liebevollen Blick erinnert.

Ja, Gott kann durch seinen Heiligen Geist durch alles und jeden zu uns sprechen, egal, wie wir uns fühlen. An diesem Morgen fühlte ich mich nicht achtsam und präsent. Ich war wütend und frustriert. Trotzdem konnte Gott zu mir sprechen. Ich finde es beruhigend, dass Gott nicht von meiner Gefühlslage abhängig ist und trotz allem den Weg in mein Herz finden kann. Sei es durch einen Esel, wie bei Bileam, oder durch eine Birke. Aber sind solche inneren Begegnungen immer auch das Reden Gottes?

Während ich über die Frage nachdenke, ob es immer Gott ist, den wir hören, sehe ich eine Elster auf dem Baum vor unserem Haus. Sie ist gerade vom Baum heruntergehüpft und stolziert halb hüpfend, halb elegant auf der Wiese herum. Sie ist ein wunderbares Geschöpf Gottes und ihr Anblick verherrlicht ihn. Unsere Welt ist durchdrungen von Gott. Alles ist von ihm erschaffen, alles besteht durch ihn, alles führt letztlich zu ihm hin. Wir sind seine Geschöpfe, von seiner Hand gemacht, und wir sind dazu bestimmt, in ständiger Verbindung mit ihm zu leben. Er will mit uns reden und es ist normal, dass wir seine Stimme hören können. Manchmal fällt uns das leicht. Und manchmal sind die Stimmen, denen wir im Alltag begegnen, lauter.

Unsere Welt ist durchdrungen von Gott: Alles ist von ihm erschaffen, besteht durch ihn, führt zu ihm hin.

Prüfen lernen – Was kommt von Gott?

Wir haben verschiedene innere Stimmen. Da ist die Vernunft, der gesunde Menschenverstand. Diese Stimme beginnt häufig mit dem Satz: »Es ist doch klar, dass ….« Oder sie fordert uns auf: »Denk mal nach!« Wir haben innere Antreiber, die uns je nach Prägung auffordern, schnell zu sein, es perfekt zu machen, uns anzustrengen, stark zu sein oder uns zu beeilen.[9] In uns hallen Stimmen von wichtigen Bezugspersonen nach. Vielleicht hatten wir einen Lehrer, der uns sagte, dass wir es nie zu etwas bringen würden. Oder eine Mutter, von der wir oft hörten, dass wir um keinen Preis auffallen sollten.

Diese eigenen inneren Stimmen und die von anderen Menschen reden anders als Gott. Oft weisen sie uns zurecht, halten uns klein, beschämen uns. Diese Stimmen lösen Druck, Angst oder Minderwert aus. Sie können sich wie eine Decke über die Stimme Gottes legen, die Botschaft verfälschen, die Gott für uns hat, uns ablenken oder verwirren.

Auch hier hilft uns der Heilige Geist. Denn er ist es, der uns lehrt zu unterscheiden (1. Korinther 12,10): Was kommt von Gott, was ist meine Prägung? Er sagt uns zu, dass er unsere Wahrnehmung und Vorstellungen erneuert. Mit diesen erneuerten Sinnen können wir prüfen, »was Gottes Wille ist, nämlich das Gute und Wohlgefällige und Vollkommene« (Römer 12,2).

Wenn ich Worte und Eindrücke daraufhin prüfe, ob sie von Gott kommen oder nicht, halte ich mich an zwei Grundsätze:

1. Wir können Gottes Stimme hören, und wenn wir ihn darum bitten, zu uns zu sprechen, gehe ich erst mal davon aus, dass er das auch tut: »Würde etwa jemand von euch seinem Kind einen Stein geben, wenn es um ein Stück Brot bittet?« (Matthäus 7,9; HFA).
2. Ich prüfe, was ich von Gott gehört habe. Das heißt: Ich prüfe, ob das, was ich gehört habe, vom Heiligen Geist kommt oder inwieweit mein eigenes Herz mitgemischt hat.

Dazu stelle ich mir folgende Fragen:

- Stimmt das, was ich gehört habe, mit der Botschaft der Bibel überein oder widerspricht es ihr?
- Wird Jesus durch das, was ich gehört habe, geehrt?
- Ist das Gehörte (oder Empfundene) ermutigend? In Philipper 4,8 findet sich ein bekannter »Filter«, durch den wir das, was wir innerlich bewegen, worüber wir sprechen und auch was wir hören, klären können: »Schließlich, meine lieben

Brüder und Schwestern, orientiert euch an dem, was wahrhaftig, vorbildlich und gerecht, was redlich und liebenswert ist und einen guten Ruf hat« (HFA).
- Bringt das Gehörte Leben und Hoffnung?

Für mich bringt die letzte Frage den Filter aus Philipper 4,8 auf den Punkt. Sie erweist sich für mich immer mehr als die wichtigste. Bringt das, was ich gehört oder empfangen habe, Leben und Hoffnung hervor oder nicht? Hat es den Geschmack von Leben? Oder engt es ein, macht es Druck, raubt es mir die Freude? Der Geschmack von Leben ist mir ein wichtiger Wegweiser geworden, um Worte zu prüfen. Wenn Gehörtes weder Leben noch Hoffnung bringt, habe ich gelernt, es fröhlich wieder loszulassen. Wir dürfen und sollen Gehörtes prüfen und das Gute behalten.

Verstehen, was ich höre

Um Bilder und Eindrücke, die wir empfangen, zu interpretieren, gibt es drei Quellen: die Bibel, die natürliche und zeitgemäße Symbolik sowie unsere persönlichen Erfahrungen.

Biblische Symbolik

Es gibt Bilder oder Worte, bei denen sofort klar ist, dass die Bibel die Interpretationsquelle ist. Zum Beispiel eine **Burg**. Einmal sah ich beim Beten für eine Person, dass sie auf einer Burg steht. Bei »Burg« kommt mir als Erstes der Psalm 91 in den Sinn, in dem es heißt, dass Gott unsere Zuversicht und unsere Burg ist: »Er ist der Gott, auf den ich hoffe« (Vers 2). Hier steht die Burg für Sicherheit, Schutz und Geborgenheit. In der Konkordanz sehe ich, dass »Burg« praktisch immer Sicherheit bedeutet – ist der Herr mein Fels und meine Burg und mein Erretter (2. Samuel 22,2) oder meine Hilfe und meine Burg (Psalm 144,2). Die Burg ist demnach, aller Wahrscheinlichkeit nach, ein Bild für Sicherheit und Schutz.

Nicht ganz so klar ist die Interpretation bei einem **Löwen**. In der Bibel steht der Löwe einerseits für Jesus selbst (z. B. Offenbarung 5,5). Ein brüllender Löwe taucht aber auch als menschliche Bedrohung auf und sogar als der Widersacher (1. Petrus 5,8). Wenn verschiedene Möglichkeiten vorliegen, gehe ich zurück zu meinem Bild. Was habe ich empfunden, als ich den Löwen gesehen habe? Ruhe und Frieden? Hat er gebrüllt? Habe ich Angst oder Ehrfurcht empfunden? Was hat das Bild ausgelöst? Unsere Gefühle sind uns eine hilfreiche Unterstützung, um Eindrücke zu interpretieren.

Es gibt gute Literatur zu biblischen Symbolen[10], beispielsweise Bücher, in denen Bibelstellen zu jedem Symbol oder Begriff zusammengefasst werden. Ein **Acker** kann zum Beispiel für das gegenwärtige Weltsystem stehen, **Wein** für Freude und Fülle, eine **Wolke** für die Gegenwart Gottes. Hier gibt es viel zu entdecken, wie Gott durch sein Wort und seinen Geist zu uns spricht.

Zeitgemäße Symbolik

Es gibt Bilder, die nicht in der Bibel vorkommen, wie zum Beispiel ein **Auto**. Die Grundfunktion eines Autos ist, eine oder mehrere Personen von einem Ort zum anderen zu bringen. Wenn ich ein Auto sehe, ist es also ein Gegenstand, mit dem man unterwegs ist; etwas, das mich vorwärtsbringt und in Bewegung setzt. Ein **Strand** mit Sonne und Palmen ist ein typisches Bild für Entspannung, Erholung und Freude. Eine gefüllte **Einkaufstasche** kann für Versorgung stehen. So können wir innere Bilder mit »logischen«, natürlichen Interpretationen verstehen.

Vor kurzer Zeit beteten wir in der Familie für einen unserer Söhne, der ins Ferienlager fuhr. Unsere Sechsjährige rief: »Ich sehe eine **Ente**!« Wir alle fragten uns schon, was das für ein Eindruck sein sollte, als sie ergänzte: »Ihre kleinen Entchen laufen ihr nach.« Ein kleines Entchen, das nicht viel weiß, jedoch vertrauensvoll hinter der Mutter herwatschelt, weil es weiß, dass es ihm gut geht, wenn es bei der Mutter bleibt: Das ist ein anrührendes Bild für kindliches Vertrauen in die Fürsorge eines großen Gottes. Dafür brauchten wir keine Bücher mit Symbolen und kein Lexikon. Wir segneten unseren Sohn für seine Freizeit mit den Worten: »So wie eine kleine Ente einfach ihrer Mutter folgen darf, so darfst auch du einfach in der Nähe Gottes bleiben während der Ferien. Er führt dich, sodass du dich geborgen fühlen kannst.« Der Sohn, der anfangs noch über den Eindruck gelächelt hatte, nahm ihn dankbar an.

Persönliche Symbolik

Gott gebraucht manchmal Dinge für innere Bilder, die mir persönlich etwas Besonderes bedeuten, weil sie mit meiner Geschichte verknüpft sind.

Einmal hatte eine Frau in einem Kurs über das Hören der Stimme Gottes das Bild von **Tulpen**. Sie fragte sich, ob das wirklich Gott war, der ihr das Bild gegeben hatte, denn die Tulpen waren ihr erst kurz vorher im Supermarkt aufgefallen. Sie war unsicher, ob sie sich die Tulpen nicht selbst ausgedacht hatte. Die Frage ist vielleicht vielmehr: Warum erinnert Gott sie ausgerechnet jetzt an die Tulpen? Er hätte sie genauso gut an hundert andere Dinge erinnern können, die sie an diesem Tag gesehen hatte. Aber es waren die Tulpen. Und durch dieses innere Bild konnte Gott zu ihr sprechen.

Das Bild einer **weiten Ebene** kann je nach Person ganz verschiedene Bedeutungen haben. Für jemanden, der sich gerne in der Natur aufhält, strahlt das Bild Freiheit und Ruhe aus. Eine andere Person fühlt sich gerade einsam und so wirkt die Szenerie trostlos und öde.

Bei jeder Art innerer Bilder ist es wichtig, die damit verbundenen Gefühle zu beachten. Löst das Bild Angst aus oder Sicherheit und Frieden? Was habe ich empfunden? Gott kennt mich und er kennt meine Geschichte. Wenn er mir eine weite Ebene zeigt, dann weiß er auch, welche Bedeutung sie für mich generell und in einer bestimmten Situation hat.

Ein Bild, ein Eindruck oder ein Wort von Gott ist eine Offenbarung von Gott. Zu verstehen, was er damit sagen will, ist eine weitere Offenbarung. Wir sind sowohl beim Hören als auch beim Verstehen (und selbstverständlich auch beim Weitergeben) von Worten, Bildern und Eindrücken beständig auf das Reden des Heiligen Geistes angewiesen. Alles Wissen und alle Nachschlagewerke nützen nichts, wenn wir nicht in Verbindung mit unserem himmlischen Vater bleiben.

Unser »Akzent«

Bei der Interpretation von Eindrücken und inneren Bildern spielt mehr mit, als uns offensichtlich bewusst ist.

Wir haben unsere **individuellen Lebenserfahrungen** und unsere eigene Geschichte. Daraus ziehen wir Schlüsse. Alles Gute und Schmerzhafte, das wir erleben, bestimmt auch unser Gottesbild. Das Gottesbild wiederum bestimmt unsere Theologie und die Sichtweise, die wir für uns selbst und für andere Menschen haben. Es ist relativ gängig, dass unsere Vorstellung von Gott von unserem leiblichen Vater geprägt ist. Wenn ich einen strafenden, oft zornigen Vater hatte, sehe ich höchstwahrscheinlich auch Gott so. Und wenn ich Gott als strafend und zornig sehe, dann werde ich Mühe damit haben, seine Liebe ohne Gegenleistung annehmen zu können. So können zum Beispiel Eindrücke, die die bedingungslose Liebe Gottes sichtbar machen wollen, von meinem Unbewusstsein gefiltert werden – denn mit so einem Gottesbild kann es ja nicht sein, dass Gott meine Fehler übersieht!

Auch die **Kultur**, in die wir hineingeboren sind, prägt uns: welche Werte in unserer Familie gelebt worden sind, wie unsere Stadt tickt oder unser Dorf, wie unsere nationale Identität ist. Meistens sind es nicht explizit ausgedrückte Werte und Normen, sondern unterschwellige, implizite Ansprüche und Maßstäbe. Doch sie beeinflussen die Art, wie wir Gott sehen und das deuten, was er zu uns sagt. Da wir so aufwachsen, ist unsere Prägung für uns Normalität. Wir bemerken meistens nur bei anderen Menschen, dass sie andere Wertvorstellungen haben, weil sie sich von unseren eigenen unterscheiden.

Wir verstehen Gott und das, was er zu uns sagt, durch eine individuelle Brille.

Menschen sind unterschiedlich. Und so ziehen sie auch unterschiedliche Schlüsse. Was ich erlebt habe, interpretiere ich meiner **Persönlichkeitsstruktur** entsprechend. Meine Persönlichkeit spielt auch bei der Interpretation von Eindrücken mit. Wenn ich eine motivierende, initiative Person bin, werde ich wahrscheinlich dazu tendieren, Eindrücke so zu interpretieren, dass es möglichst ermutigend ist, und Schattenseiten womöglich ausblenden. Ist jemand eher kritisch und analytisch veranlagt, werden dieser Person Knackpunkte und Schwierigkeiten schneller ins Auge fallen.

Kris Vallotton nennt all diese meist unbewussten Prägungen unseren »Akzent«:

Ich war der Überzeugung, dass Prophetien vollständig von Gott kommen müssten, aber inzwischen glaube ich nicht mehr, dass das überhaupt möglich ist. ... Selbstverständlich glaube ich weder, dass wir uns Prophetien ausdenken sollten, noch, dass wir einem vom Herrn empfangenen prophetischen Wort etwas hinzufügen sollten. Aber es ist tatsächlich unmöglich, prophetische Worte vollkommen »akzentfrei« wiederzugeben. ... Ich bin davon überzeugt, dass Gott so weise ist, dass er unseren Akzent mit einkalkuliert, wenn er durch uns spricht, sodass wir sozusagen Teil des prophetischen Wortes werden.[11]

Was tun wir mit diesem Akzent? Können wir nur interpretieren, wenn wir geheilt und frei sind? Nein! Denn wer könnte das schon von sich behaupten? Es geht um unsere Bereitschaft, uns vom himmlischen Vater berühren und verändern zu lassen, Stück für Stück. Gott hat schon immer mit unvollkommenen Menschen zusammengearbeitet und durch sie mächtig gewirkt.

Zuerst einmal dürfen wir einfach annehmen und akzeptieren, dass wir vorgeformte, geprägte Persönlichkeiten sind, die der Gnade und der Korrektur bedürfen. Nein, wir wissen nicht alles. Und nein, wir haben nicht die einzig richtige Sichtweise. Unser Wissen ist Stückwerk, wie Paulus schon den Korinthern schrieb. Das können wir ärgerlich, aber auch sehr entlastend finden. Wir dürfen belehrbar bleiben – nebenbei gesagt sowieso eine der wichtigsten Eigenschaften, wenn wir mit dem Heiligen Geist leben. »So habt nun acht, wie ihr hört!«, ermahnt Jesus die Menschen in Lukas 8,18. Nicht *was* wir hören, sondern *wie* wir hören, darauf soll unser Augen- beziehungsweise Ohrenmerk gerichtet sein. Das gilt auch für das Sehen.

Wir dürfen uns nach einer akzentfreien Sicht und nach einem akzentfreien Hören ausstrecken. Ich könnte auch »bemühen« schreiben. Aber letztlich ist es Gott, der uns die klare Sicht schenkt, indem er uns zeigt, wo unsere Prägungen und Vorstellungen sind. Er ist auch derjenige, der die Linse, durch die wir schauen, mit seiner Liebe und mit seiner Heilung waschen kann.

Gott zu bitten, unsere Sicht zu reinigen, ist nach meiner Erfahrung eine der Bitten, denen Gott gerne nachkommt. David bittet Gott im Psalm 139: »Erforsche mich, Gott, und erkenne mein Herz; prüfe mich und erkenne, wie ich's meine« (V. 23).

Bin ich bereit, dass Gott meine Quellen reinigt, aus denen heraus ich sehe, höre, interpretiere?

Das ist unser Anteil: dass wir bereit sind, genau hinzuschauen, aus welchen Quellen heraus wir interpretieren. Das ist kein einfacher Weg. Wenn wir Gott die Erlaubnis geben, unsere Quellen zu reinigen und uns aufzuzeigen, worüber wir uns definieren, worauf wir uns stützen und wovon wir überzeugt sind, dann wird das ein abenteuerlicher Weg, der immer über die Demut führt. Es braucht Mut und Tapferkeit, ihn zu gehen. Aber er bewirkt auch genau das in uns.

5 Kommunikationsblockaden ausräumen

> Weder Tod noch Leben, weder Engel noch Mächte noch Gewalten, weder Gegenwärtiges noch Zukünftiges, weder Hohes noch Tiefes noch irgendeine andere Kreatur kann uns scheiden von der Liebe Gottes.
> *Römer 8,38-39*

Kennst du das? Manchmal fühlt es sich einfach so an, als ob unser Kanal zu Gott verstopft ist. Wir wollten Gott hören, haben vielleicht auch konkrete Fragen. Wir sehnen uns nach Gemeinschaft mit ihm und glauben daran, dass er zu jedem reden kann – auch zu mir in dieser Situation. Aber trotzdem ist da kein Empfang. Als säße man in einem Funkloch.

Es ist nicht so, dass Gott immer und jederzeit redet. Manchmal schweigt er. Es gibt Zeiten zum Reden und Zeiten zum Schweigen (Prediger 3,7), das ist ganz natürlich. Gott schweigt auch mal ganz bewusst über uns: »Er freut sich über dich in Fröhlichkeit, er schweigt in seiner Liebe« (Zefanja 3,17; ELB). Vielleicht hat er schon geredet, und wir sind eingeladen, sein Reden an uns wirken zu lassen. Es kann auch sein, dass wir die Gründe nicht kennen und einfach aushalten müssen, dass Gott gerade nicht mit uns redet. Das kann schwierig sein. Mich haben die Worte einer ehemaligen Leiterin oft ermutigt. Sie sagte: »Ich bin da, Gott ist da. Ich schweige, Gott schweigt.« Ja, manchmal schweigt Gott. Und trotzdem ist er da, liebt und sorgt. Ich mag es lieber, wenn Gott spricht, aber ich lerne immer mehr, ihm auch in seinem Schweigen zu vertrauen.

Und es gibt Zeiten, in denen wir Mühe haben, Gott zu hören, obwohl er spricht. Es ist nicht immer leicht, die Balance zu finden zwischen dem Aufspüren von Hindernissen und dem Raum der Gnade – dem grundsätzlichen, grundlegenden Ja Gottes zu uns. Manchmal sind wir aufgefordert zu graben, um dahinterzukommen, was unser Hören blockiert. Grüblerische Selbst-Zerfleischung bringt uns nicht weiter. Ein ehrlicher, angstfreier Blick auf uns selbst aber schon.

Wagen wir also einen ehrlichen Blick. Schauen wir uns die Dinge, die uns daran hindern können, Gottes Stimme zu hören, doch einmal genauer an.

Erwartungen von außen und innen loslassen

Gott hat uns Menschen in unserer Ebenbildlichkeit auch die Fähigkeit gegeben, uns Dinge vorzustellen. Das ist ein großes Geschenk. Es birgt aber auch die Gefahr, andere Menschen und auch Gott in unsere eigenen Vorstellungen pressen zu wollen. Wir gehen dann einfach davon aus, dass Gott auf eine bestimmte Art und Weise reden muss. Wir haben vielleicht schon immer gehört, dass Gott durch die Bibel zu uns spricht. Also erwarten wir sein Reden nur, wenn wir die Bibel lesen. Aber vielleicht ist es auch mal ein Mensch, durch den Gott zu uns sprechen möchte? Und sogar einer, den wir nicht mal besonders mögen? »Sollte Gott durch so jemanden zu mir sprechen?«, habe ich mich auch schon gefragt. Und festgestellt: ja. Gott ist so vielfältig darin, um zu mir zu sprechen – wenn ich denn hören will.

Hinderliche Vorstellungen haben wir auch für uns selbst und für unsere Mitmenschen. Großartige Bilder und fromme Ideale prägen unsere Vorstellung davon, wie wir sein sollten: geduldig und verständnisvoll, einfühlsam und stark. Wir sollten uns regelmäßig genug Zeit nehmen, die Bibel zu lesen und zu beten. Ich weiß nicht, wie es bei dir ist, aber ich kann meinen Idealen niemals entsprechen. Als ich Kinder bekam und meine regelmäßige Stille Zeit nicht mehr einhalten konnte, fühlte ich mich Gott manchmal richtig fern. Wenn wir unsere Ideale nicht erfüllen, fühlen wir uns minderwertig und jeder Liebe unwürdig. Das kann es sehr schwer machen, Gott zu hören.

Manchmal sind es gar nicht unsere eigenen Vorstellungen und Gefühle, die uns beim Hören der Stimme Gottes beeinträchtigen, sondern eine Atmosphäre oder Stimmung, die an einem Ort oder um Menschen herum herrscht. Wir nehmen Dinge von außerhalb wahr und halten es für unsere eigenen Gefühle. Das gilt besonders für Menschen mit einer guten Menschenkenntnis oder einer feinen Wahrnehmung für andere Menschen.

Als ich im prophetischen Team in der *Stiftung Schleife* arbeitete und wir zu dritt für verschiedene Personen hörten, nahmen wir manchmal einstimmig etwas Schweres wahr: eine übermäßige Erwartungshaltung, Verbitterung oder hohe, unerreichbare Ideale. Was es auch war, es wirkte sich auf das Hören aus. Wir dürfen uns fröhlich von Dingen lösen, die nichts mit uns zu tun haben, aber sich auf uns legen wollen. Damit umzugehen hilft uns, eine klare Sicht davon zu bekommen, was wir tun und was nicht: Wir sind keine Experten oder Profis. Auch ohne uns kann Gottes Reden ankommen, bei uns und bei anderen.

Darf Gott auch anders zu dir reden, als du es gewohnt bist? Welches Reden Gottes ist schwer vorstellbar für dich? Wie wärst du gerne?

Die Bedürfnisse von Körper und Seele wahrnehmen

Wenn ich prüfen möchte, was meine Empfangsbereitschaft behindert, achte ich auf meinen Körper: Knurrt mein Magen? Bin ich überreizt oder übermüdet, brauche ich eine Pause? Habe ich Schmerzen? Körperlicher Mangel hat Einfluss auf unser ganzes Wesen. Wenn ich Hunger habe, sollte ich etwas essen. Wenn ich Durst habe, etwas trinken. Wenn ich an Sauerstoffmangel leide, brauche ich frische Luft und vielleicht noch ein wenig Bewegung dazu. Wenn ich so müde bin, dass ich mich kaum konzentrieren kann, lege ich mich aufs Sofa und schlafe eine Runde, wenn es möglich ist. Und wenn ich Schmerzen habe und mich krank fühle, dann kann ich Gebet in Anspruch nehmen und für meinen Körper sorgen.

Dann kann auch meine Seele eine Kommunikationsstörung verursachen. Das erlebe ich öfter.

Es ist mein Stille-Morgen. Jeden Monat versuche ich mir einen Morgen einzuplanen, der ganz Gott gehört. Da schreibe ich Tagebuch, lese in der Bibel, bete, gehe spazieren – es ist zweckfreie Zeit mit Gott, Gemeinschaft mit ihm. Heute dümple ich auf dem Sofa herum. Ich lese in der Bibel, bin müde und schlafe ein bisschen. Dann bete ich für unsere Kinder. Von allem ein bisschen, nirgends finde ich Tiefe. In mir ist eine Traurigkeit, die ich nicht einordnen kann. Gestern ging es mir doch noch so gut!? Ich mache weiter. Schreibe Tagebuch. Ich schreibe darüber, dass ich mich gehetzt fühle. Lege das Tagebuch wieder weg. Ich sitze auf dem Sofa und fühle mich dumpf und leer. Ich höre nichts, ich empfinde nichts. Wie hat das nur angefangen?

Gestern Abend habe ich mit einem meiner Söhne etwas abgeholt, das ich für ihn ersteigert habe: eine ganze Tasche voller

Comics für wenig Geld. Ein Schnäppchen! Das Kind ist überglücklich. Wir genießen die Zeit zu zweit und reden über Dinge, die im Alltag keinen Platz finden. Über Gefühle und den Umgang mit ihnen. Ich staune über sein Interesse und seine Erkenntnisse. Wir kaufen Sandwiches und Getränke und lassen es uns auf dieser kurzen Fahrt gut gehen. Kurze Zeit später sprechen wir beide aus: »Das war jetzt schön, mal miteinander Zeit zu haben, nur wir zwei!«

Später am Abend gibt es keine Ruhe. Bis fast 22 Uhr. Ich bin müde und werde gereizt. Es ist ausgerechnet dieses Kind, das immer wieder aufsteht und laut ist. So laut, dass es mich stört. Ich weise es ärgerlich zurecht. Es wird wütend und sagt böse Worte. Am nächsten Morgen würdigt es mich keines Blickes. Sein Herz ist so verschlossen, wie es gestern offen und überfließend war, und es rennt wütend zur Schule. Und ich empfinde Trauer darüber, dass die Nähe, die gestern da war, sich von einer Minute auf die andere so weit entfernen konnte. Gleichzeitig bin ich wütend auf den kleinen Kerl, für den ich so viel getan habe und der mir das jetzt so »dankt«.

> Da ist ein Schmerz. Ich muss ihm Raum geben, damit er von Gott berührt werden kann.

Jetzt, wo ich mir das durch den Kopf gehen lasse, weiß ich plötzlich, warum ich mich so seltsam und isoliert fühle. Da ist ein Schmerz. Ich muss ihn anschauen und ihm Raum geben, damit er von Gott berührt werden kann. Der Konflikt ist nicht gelöst. Aber ich weiß, dass da einer ist, der mit mir ist. Der meine Gefühle sieht und kennt und mir zur Seite steht. Ich merke, dass ich Gott zutraue, dass er in diese Situation eingreifen und Versöhnung schenken kann. Mit diesem Vertrauen, auch wenn der Schmerz noch da ist, kann ich weitergehen. Die inneren Wolken haben sich gelichtet.

Wenn wir uns traurig, entmutigt oder bedrückt fühlen, ist unser Hören beeinträchtigt. Wir sind dann gar nicht frei, etwas anderes als unsere eigenen (an)klagenden Stimmen zu hören. Unsere Seele kann uns manchmal das Hören der Stimme Gottes schwer machen. Das kann sehr unterschiedlich aussehen.

Innere Unruhe aufräumen

Es wird immer Zeiten geben, in denen wir Gott und uns selbst näher sind und in denen es uns leichtfällt, seine Stimme zu hören. Genauso, wie es immer Zeiten geben wird, in denen wir unruhig sind und weder anderen Menschen noch Gott zuhören können. Manchmal sind wir so beschäftigt und eingenommen vom Alltag mit seinen kleinen und großen Sorgen, dass wir weder Kopf noch Herz frei haben, um hinzuhören. Dass ich gerade in einer solchen Zeit bin, zeigen mir mein Arbeitstisch, der überbordet, mein unübersichtlich gewordener Mail-Posteingang und mein Kleiderstuhl, auf dem frische und getragene Kleidungsstücke wild durcheinanderliegen. Diese Dinge helfen mir zu merken, dass ich die Pausentaste drücken muss. Herunterfahren. Anhalten.

Ich bin ein Augenmensch, daher macht mir offensichtliche Unordnung zu schaffen. Das Gute daran ist: Ordnung macht mich glücklich. Beim Aufräumen sortiert sich auch meine Seele. Wenn sich im Alltag eine Zeitinsel bietet, fange ich an, herumliegende Dinge nach und nach wegzuräumen. Dabei kann ich fast zusehen, wie ich innerlich ruhiger und entspannter werde. Wenn in den Wohnräumen alles aufgeräumt ist, spüre ich eine große Erleichterung und Freude über die geschaffte Arbeit. Ich habe dann Lust, auch meinen Posteingang zu sortieren oder den Boden zu putzen. Oder zu backen oder eine Freundin anzurufen, um zu fragen, wie es ihr geht. Manchmal braucht es wenig, um wieder zur inneren Ruhe zu kommen.

Manchmal braucht es mehr, als ein paar Dinge wegzuräumen. Da gibt es diesen einen Satz, den eine Kollegin ausgesprochen hat und der sich in mir festgehakt hat. Eigentlich weiß ich nicht genau, weshalb ich ihn nicht aus dem Kopf kriege, und doch ist er immer noch da, ein versteckter Begleiter, der mir den Frieden zu rauben vermag. Es vergeht oft eine Weile, bis ich zu dem Punkt komme, an dem ich mir eingestehe: Da war etwas, das mich getroffen hat. Ich bin verletzt und fühle mich verunsichert! Ich gestehe mir solche Dinge nicht gerne ein. Viel lieber stehe ich über den Dingen, bin cool und unverletzbar. Trotzdem ist der Moment, in dem ich mir meinen Schmerz eingestehe, befreiend. Denn ich habe die Erfahrung gemacht, dass Gott meinen Schmerz ernst nimmt und liebend gerne Heilung schenkt.

Was lässt dich innerlich zur Ruhe kommen, welche Tätigkeit oder welcher Ort?

Also gehe ich, innerlich seufzend, zu Gott mit diesem Satz. Mir ist noch nicht klar, wohin es führen wird, aber dieser Satz hat Macht über mich erhalten, ohne dass ich es gemerkt habe. Auf dem Sofa schreibe ich die ganze Situation ins Tagebuch. Beim Schreiben kristallisiert sich heraus, was den Schmerz ausgelöst hat. Es war eine schlichte Aussage, aber ich habe daraus interpretiert, dass ich einen Fehler gemacht habe. Und wenn ich einen Fehler mache, fühle ich mich nicht mehr wertvoll, nicht mehr geliebt. Aha. Da kommt also ein ganzer Rattenschwanz hinterher, Minderwert gleich mit dabei.

Stück für Stück – wie beim Aufräumen in der Wohnung – bringe ich diese Dinge zu Gott. Ich bitte ihn, mir seine Sicht der Dinge zu zeigen und seine Sicht für mich selbst. Was ich höre, ist ermutigend und heilsam. Gott schont mich nicht, aber seine Sicht ist immer aufbauend, tröstend und stärkend. Er ist für mich! Und wer für mich ist, der darf mich auch korrigieren. Denn seine Liebe versetzt mich in eine neue Position. Ich bin nicht fehlerlos, aber ich bin von Grund auf Gottes geliebte Tochter.

Aus der vagen Anklage-Wolke kristallisiert sich ein Satz heraus und mit Gott kommen Hoffnung, Trost und Vergebung in mein Herz. Klarheit bewirkt Leichtigkeit. Es ist gut, Schmerz zu kennen und mit Gott zu teilen. Im Nachhinein wundere ich mich immer, warum es mir so schwerfällt, ihn da heranzulassen.

Innere Unruhe hat manchmal eine tiefer gehende Ursache. Sie ist ein Zeichen dafür, dass etwas in uns ins Ungleichgewicht gekommen ist. Wenn wir der inneren Unruhe erlauben, zu uns zu sprechen, können wir spannende Dinge entdecken. Nicht, dass das angenehm wäre – ich finde es zu Beginn meistens grässlich unangenehm –, aber wir kommen Sachen auf die Spur, von denen wir sonst nichts wüssten. Es sind diejenigen Dinge, die uns berauben und vom Leben in der Fülle abtrennen wollen. Und die will ich nicht in meinem Leben behalten!

> *Gott schont mich nicht, aber seine Sicht ist immer aufbauend, tröstend und stärkend. Er ist für mich!*

Gibt es Aussagen oder Handlungen von anderen Menschen, die dich beschäftigen? Dir nachgehen, ohne dass du genau weißt, weshalb? Hast du Lust, diese Dinge auf Papier zu bringen und mit Gott zu besprechen?

Mit Schuld und Selbstanklage zum Kreuz

Immer wieder treffen wir Entscheidungen, von denen wir nicht sicher sind, ob sie Gott gefallen. Diese Unsicherheit wirkt sich auf unsere Beziehung mit Gott aus. Die einen neigen dazu, diese Dinge zu verdrängen und beiseitezuschieben. Andere legen sich Argumente zurecht, um ihre Entscheidungen und Handlungen zu rechtfertigen und zu rationalisieren. Graubereiche können sich sehr mühsam anfühlen, weil oft nicht ganz klar ist: Was war jetzt richtig und was war jetzt falsch an meiner Entscheidung? Oft haben wir beides in uns, reine Motive, aber auch fragwürdige. Mit diesem Mischmasch gehe ich am liebsten zu Gott: »Vater, bitte zeige mir meine Herzenshaltung!« Ich erlebe, dass Gott diese Bitte gern erhört.

Manchmal tun wir auch bewusst Dinge, von denen wir wissen, dass sie Gott nicht gefallen. Vielleicht nicht einmal deshalb, weil Gott damit ein Problem hat, sondern vielmehr, weil es uns selbst bedrückt und vom Vaterherz wegtreibt. Wenn es Bereiche gibt, die ich bewusst und willentlich von Gott fernhalte, hat das Einfluss auf meine Beziehung mit ihm. Es erzeugt in mir ein schlechtes Gewissen und damit Gottesferne. *Ich* entferne mich von Gott, nicht er sich von mir.

Ehrlichkeit und Mut helfen an diesem Punkt. Es ist entlastend, dass ich Schuld benennen kann. Gott hat kein Problem mit Schuld – er hat eine Lösung dafür geschaffen. Durch den Tod von Jesus hat er einen Ort geschaffen, an dem jede Schuld und jede Sünde Platz finden: das Kreuz. Es wird nur dann schwierig, wenn wir Schuld verniedlichen, verdrängen, verstecken. Oder rationalisieren: »Du musst das verstehen, ich war einfach so müde!«, oder: »Sie hat es doch nur gut gemeint!« Wenn wir Schuld erklären und mit Argumenten untermauern, machen wir Gott handlungsunfähig. Was wir nicht Schuld nennen, kann auch nicht vergeben werden. So bringen wir uns oft selbst um die Gnade eines Neuanfangs.

Oder wir klagen uns selbst an, anstatt das Kreuz von Jesus zu nehmen.

Mit Selbstanklage kenne ich mich aus. Sie ist ein Grundgefühl, das mich seit meiner Kindheit begleiten will. Ich fand es immer schwierig, Gott etwas recht zu machen, geschweige denn, ihm zu gefallen. Ich glaubte zwar immer, dass er mich liebte, aber in meiner Vorstellung hatte er meist eine hochgezogene Augenbraue und ein »Aber...« auf den Lippen. Manchmal frage ich mich, was Gott wohl empfindet, wenn wir so über ihn denken.

Wenn wir Schuld erklären und mit Argumenten untermauern, machen wir Gott handlungsunfähig.

Es können auch die Stimmen anderer Menschen sein, die Anklage erheben. Vielleicht hallt in unserer Seele die Dauerkritik einer Lehrperson nach oder die der ehrgeizigen, niemals zufriedenzustellenden Eltern. Eine Sache haben alle Stimmen gemein: Sie sind immer missbilligend. Sie wollen uns als Menschen festlegen, die weniger Wert haben.

Die Stimme des Heiligen Geistes hingegen ist immer liebevoll, selbst wenn er uns korrigiert! In Römer 2,4 steht: »Begreifst du nicht, dass Gottes Güte dich zur Umkehr bringen will?« (NGÜ). Gottes Güte? Nein, das habe ich wirklich lange nicht begriffen! Gottes Güte ist das Gegenteil von Anklage. Wenn Gott uns auf etwas aufmerksam macht, das er an uns verändern will, dann hat seine Stimme immer den Geschmack von Leben und Hoffnung. Das ist Gottes Markenzeichen! Wir dürfen lernen, diesen Geschmack von allem, was niederdrücken will, zu unterscheiden.

Welche Stimmen hörst du? Wie fühlen sie sich an?
Antwortest du ihnen?
Wer ist an deiner Seite?

Verbitterung loswerden

Vergebung ist ein Geschenk, das Gott uns gemacht hat. Es ist ein Privileg! Das Privileg, eine Last nicht mehr mit sich herumtragen zu müssen und anderen aufzubürden, sondern ablegen zu dürfen. Frei zu sein!

Wenn wir an Vergebung denken, empfinden wir manchmal eine leichte Resignation: »Na ja, als Christin oder Christ muss ich ja vergeben …« Und dann tun wir das lieblos und ohne Freude, denn es ist ja unsere Pflicht. Das unbestimmte Gefühl von Ungerechtigkeit werden wir aber nicht so richtig los.

Ich bin kein Fan von Methoden, wenn es um geistliche Dinge geht. Aber bei der Vergebung gehe ich seit fast zwanzig Jahren den gleichen inneren Weg, der mein Leben sehr befreit hat.[12] Die Grundlage dafür ist die Gewissheit, dass Gott ein Gott der Gerechtigkeit ist. Und dass er, noch mehr als ich, selbst den Wunsch und die Absicht hat, Gerechtigkeit herbeizuführen. Es ist mir auch bewusst, dass Schuld nicht einfach verschwindet, wenn man nur lange genug wartet. Für Schuld gibt es einen einzigen Ausweg: das Kreuz. Am Kreuz ist der Ort, an dem wir Buße tun und um Vergebung bitten dürfen. Vergebung befreit mich von Schuld – von meiner eigenen und von der anderer. Und im Gegenzug

> *Wenn Gott sich offenbart, merke ich das an einem plötzlichen inneren Frieden.*

macht sie auch andere frei von meiner Schuld und Anklage. Nur durch den Tod von Jesus am Kreuz ist es möglich, dass meine Schuld ins tiefste Meer geworfen wird und ich frei leben kann.

Vergebung ist ein neutestamentliches Privileg, das früher den Priestern und Königen vorbehalten gewesen war. Weil ich ein Kind des Höchsten bin, bin ich in der Position, vergeben zu können. Das verändert, wie ich über Vergebung denke: weniger als eine lästige Pflicht und immer mehr als ein Vorrecht. Ganz praktisch gehe ich diese Schritte:

1. Ich trete zuerst in die Gegenwart von Jesus, komme vor seinen Thron, unter seinen Schutz.
2. Ich benenne die Schuld der Person, der ich vergeben will, und spreche sie dabei mit Namen an. Dabei rede ich mit hörbarer Stimme. Ich spreche zu der Person, die mich verletzt hat, denn wenn wir gleich mit Jesus reden, sind wir zu schnell in einem »geistlichen Modus«, der vielleicht wenig Raum für Ärger und Schmerz lässt. Mit dem direkten Ansprechen der Person bekommen der Schmerz und der Ärger nochmals den nötigen Raum und müssen nicht unterdrückt werden. Weil ich mich in der Gegenwart von Jesus befinde, spreche ich diese Dinge in seinem Schutzraum aus. Das klingt dann ungefähr so: »XY, du hast dieses und jenes getan! Du hast dich nicht gekümmert um … Du warst so und so …, das war dir auch egal … und überhaupt …« Mit dieser ungefilterten Anklage gebe ich meinem Schmerz Raum. Und dabei bin ich so detailliert wie möglich.
3. Das Gleiche gilt, wenn ich selbst um Vergebung bitte. Da bin ich dann auch klar und konkret und nenne die einzelnen Dinge beim Namen. Ich wische nichts unter den Teppich mit der Formulierung: »Vergib mir da, wo ich …« Zu oft wird

diese Formulierung verwendet, wenn wir uns scheuen, unsere Schuld anzuschauen und klar beim Namen zu nennen.

4. Wenn ich alles aufs Tapet gebracht habe, bitte ich Gott um seine Sicht der Dinge. Dann warte ich, bis er sich mir offenbart. Manchmal höre ich ein Wort, manchmal fühle ich seinen Trost, manchmal sehe ich vor meinen inneren Augen, wie er in der Situation gegenwärtig war. Ich warte so lange, bis ich Gott höre, sehe oder spüre. Das kann sich auch in einem plötzlichen inneren Frieden zeigen. Ich habe schon empfunden, dass Gott sagt: »Das war wirklich daneben von dieser Person!« Manchmal war es auch einfach eine empfundene Umarmung, ein »Ich sehe dich«. Es geht weniger um objektive Schuld, sondern darum, dass eine andere Person mir Schmerz zugefügt hat. Und darum gehört auch alles dazu, was mir in den Sinn kommt – ich will es ja loswerden!

5. Jetzt vergebe ich. Erst nachdem Gott ins Spiel gekommen ist. Ich vergebe alles, was ich gesagt und genannt habe. Ich sehe Jesus als das Lamm Gottes, das die Strafe für all das, was mich geschmerzt hat, bereits bezahlt hat. Dann entlasse ich die Person oder mich selbst aus jeder Anklage und spreche das auch aus.

6. Wenn es möglich ist (das ist es nicht immer), setze ich noch einen drauf: Ich segne die Person mit Freude, mit Beziehungen, mit Gottes Gegenwart, mit allem Guten und Vollkommenen, was mit einfällt. Schließlich handle ich aus meiner Position als Kind Gottes und aus dem priesterlich-königlichen Privileg heraus (1. Petrus 2,5).

Zu wissen, dass ich Schuld benennen darf und nicht sofort vergeben muss, ist für mich total befreiend. Wie oft habe ich mir gesagt: »Jetzt stell dich nicht so an, das war doch nichts Großes!«

Aber wenn Ärger und Trauer keinen Raum haben dürfen, wirken sie nach, sie können wachsen und sich ausbreiten. Dann lauert schnell Bitterkeit und will unsere Seele in Beschlag nehmen. Aus diesem Grund braucht es den Raum der Anklage.

Auch das Warten auf Gottes Frieden hat meine Sicht auf Vergebung verändert. Wenn ich ihn wahrnehme, dass er auf meiner Seite steht, kann ich viel leichter vergeben. Ich wurde gehört! Ich bin ein Kind des Königs. Und aus dieser Warte heraus darf ich großzügig vergeben und dabei selbst mehr als gesegnet werden.

Ich vergebe heute richtig gerne. Und in den meisten Fällen ist danach keine Bitterkeit mehr zu spüren. Und falls doch, suche ich mir Unterstützung. Wir müssen nicht Gras wachsen lassen über Sünde, auch nicht unseren Zorn unterdrücken, lieb sein und leichtfertig vergeben, weil Gott uns das tun heißt. Als Kinder Gottes haben wir dieses große Privileg, das wir zu unserer eigenen Freiheit und zu der der anderen nutzen dürfen. Denn Schuld bindet mich an die andere Person und umgekehrt – eine große Motivation für mich, sie loswerden zu wollen.

Gott ist souverän

Wir haben viel über Hindernisse gehört, aber über ihnen allen steht die Zusage Gottes, dass er zu uns spricht und wir seine Stimme hören können. Gott kann immer zu uns sprechen – diese Wahrheit steht über allem, immer! Er ist souverän, nichts kann uns von seiner Liebe trennen, »weder Tod noch Leben, weder Engel noch Mächte noch Gewalten, weder Gegenwärtiges noch Zukünftiges, weder Hohes noch Tiefes noch irgendeine andere Kreatur« (Römer 8,38-39).

Etwas Wichtiges habe ich gelernt: Wachsen im Hören der Stimme Gottes hat immer mit unserem Herzen zu tun. Gott ist daran interessiert, unsere Herzen seinem ähnlich zu machen: frei, empfangsbereit und überfließend, damit seine Liebe ungehindert und ungebremst weiterfließen kann, zwischen ihm und uns – und hin zu allen anderen Menschen.

Wenn wir uns danach ausstrecken, die Stimme Gottes zu hören, dann geht es niemals vorrangig um Information – obwohl die himmlischen Informationen natürlich auch spannend sind! Es geht nicht um Fakten und Zukunftsvorhersage, auch wenn das ein wichtiger Teil des Prophetischen ist. Beim Hören der Stimme Gottes und beim Weitergeben seiner Liebe steht immer die Beziehung im Zentrum. Unsere eigene Beziehung zu unserem himmlischen Vater und die Beziehung unserer Mitmenschen, unserer Nächsten, zu Gott. Und immer, wirklich jedes Mal, ist das Herz ein Teil des Ganzen.

Wachsen im Hören der Stimme Gottes hat immer mit unserem Herzen zu tun.

Es braucht Mut, dass wir unser Herz einbeziehen lassen, es dem Vater hinhalten. Es braucht Mut, Gewohntes loszulassen und ganz zu vertrauen, dass das, was Gott sagt, trägt. Aber wenn wir es wagen, werden wir Heilung, Befreiung und Liebe erfahren. Und aus der Position der geliebten Tochter, des geliebten Sohnes heraus ist es viel leichter, auch andere Menschen in diese Liebe hineinzunehmen.

Ja, Gott kann immer und durch alles zu uns sprechen. Ich kann es nicht oft genug wiederholen. Er ist nicht abhängig von unserer Stimmungslage oder von unseren Entscheidungen. Er lässt sich nicht hindern, wenn wir uns ihm nicht nahe fühlen, denn er ist uns nahe. Wenn Gott uns etwas sagen will, dann tut er es. Und wenn es nicht anders geht, gebraucht er dazu einen Esel.

TEIL 2

Mein Herz auf Empfang

Prophetisch leben, hören, reden, sehen

6 Unser Geist wird lebendig

> Daher, wenn jemand in Christus ist, so ist er eine neue Schöpfung; das Alte ist vergangen, siehe, Neues ist geworden!
> 2. Korinther 5,17; ELB

Was passiert eigentlich bei der Bekehrung?

Wenn ich das meine Kinder frage, sagen sie: »Ich bin erlöst – ich habe ewiges Leben.« Erlösung und ewiges Leben: mehr kann man sich nicht wünschen! Die Frage ist: Was ist mit Erlösung genau gemeint? Ist gemeint, dass ich in den Himmel komme? Dass ich mich nicht vor dem Tod zu fürchten brauche? Oder gibt es Erlösung auch im Hier und Jetzt? Und falls ja: Wie sieht sie aus?

Die *Hoffnung für alle* übersetzt die Stelle aus 2. Korinther 5 so: »Gehört also jemand zu Christus, dann ist er ein neuer Mensch. Was vorher war, ist vergangen, etwas völlig Neues hat begonnen.«

Wenn wir uns zu Gott hinwenden, entsteht etwas völlig Neues in uns. Unser Geist ist vollkommen neu gemacht und lebendig geworden. Vorher war er zu Gott hin tot oder inaktiv (1. Korinther 15,22). Dieser neue Geist ist die neue Natur, die Neuschöpfung in uns, von der Paulus spricht.

> *Es ist unser Geist, der vollkommen neu gemacht und lebendig geworden ist.*

Dass nicht alles in und an uns bei der Hinwendung zu Gott sofort völlig neu wird, sehen wir daran, dass wir immer noch gleich aussehen, immer noch die gleichen Gewohnheiten haben und auch immer noch dieselbe Persönlichkeit besitzen. Es ist erst mal unser Geist, der erneuert ist. Doch das ist die Voraussetzung dafür, dass die Verbindung zum himmlischen Vater wiederhergestellt ist. Unser neuer Geist steht ab sofort in Kontakt mit dem Vater, der durch den Heiligen Geist mit uns verbunden ist und mit uns kommuniziert: »Der Geist selbst gibt Zeugnis unserm Geist, dass wir Gottes Kinder sind« (Römer 8,16).

Die Stimme Gottes zu hören, findet in unserem neuen Geist statt. Er ist der Kontaktpunkt zu Gott; der Teil von uns, durch den sich Himmel und Erde in uns verbinden. Wir sind in beständiger Verbindung mit dem Vater in unserem Geist. Pat Cocking schreibt: »Der Geist des Menschen steht in Beziehung zum geistlichen Bereich. Er hält sich da auf, wo es ein Bewusstsein für Gottes Gegenwart gibt. Er nimmt im Innersten unseres Seins Raum.«[13] Ja, es ist die ureigene Bestimmung unseres erneuerten Geistes, ganz zum Vater zu gehören und mit ihm verbunden zu sein:

Weil ihr nun Kinder seid, hat Gott den Geist seines Sohnes gesandt in unsre Herzen, der da ruft: Abba, lieber Vater!
Galater 4,6

Dieser neue Geist ist nun in das Leben gekommen, das schon immer geplant war. Lebendig zu Gott hin, in Kontakt mit ihm, verbunden mit ihm. Das heißt, dass sich unser Geist von den Worten und von der Gegenwart des Heiligen Geistes ernährt, dass er von der Verbundenheit mit dem Heiligen Geist lebt. Unser Geist lebt quasi aus dem Nehmen, aus dem Sich-versorgen-Lassen. Er wird versorgt mit der Liebe, den Plänen und den Worten Gottes. Das Wesen Gottes wird ihm immer mehr zu eigen. Oder anders ausgedrückt: Dass wir nach dem Ebenbild Gottes geschaffen sind, wird in unserem Geist immer sichtbarer.

Der Psalmist schreibt: »Eine Tiefe ruft die andere« (Psalm 42,7) und Paulus ergänzt: »Denn der Geist erforscht alle Dinge, auch die

Tiefen Gottes« (1. Korinther 2,10). Der Heilige Geist erforscht die Tiefen Gottes. Ich glaube, an dieser Tiefe will Gott uns durch seinen Geist Anteil geben, indem er sich mit uns verbindet.

Unser Geist lebt aus der Versorgung Gottes. Und was er empfängt, gibt er weiter. Die Bestimmung unseres erneuerten, lebendigen Geistes ist es, zusammen mit dem Heiligen Geist unseren ganzen Menschen umzugestalten.

Was ist mit der alten Natur?

Bei dieser Umgestaltung kommt unsere alte Natur ins Spiel. Unser Geist ist zu Gott hin lebendig geworden. Aber die alte Natur, der »natürliche Mensch« – auch »das Fleisch« genannt –, existiert weiterhin. Was ist mit der alten Natur gemeint?

1. Zum einen ist der Mensch gemeint, der durch die Sünde von Gott getrennt ist (Römer 7,5).
2. Zum anderen ist der Teil unserer Seele gemeint, der ohne Gott agiert, also Gott-los und Gott-fern lebt.

Unsere Seele ist nicht das Fleisch! Die Seele ist von Gott gemacht und wunderschön. Gemeint sind die Anteile, die ohne Gott zu überleben gelernt haben. Menschlich gesehen ist das auch verständlich: Unser Geist war zu Gott hin tot und die Seele musste selbst stark sein, anstatt sich unter die gute Führung des Geistes zu begeben. Sie musste sich selbst schützen und hat so Mauern gebaut und Masken angelegt. Und nun, da der Geist neu geworden ist, muss die Seele umdenken. Sie darf sich unter die Leitung des neugeborenen Geistes begeben und ihre Schutzmechanismen loslassen: »Denn jetzt bestimmt Gottes Geist und nicht mehr die sündige menschliche Natur unser Leben« (Römer 8,4; HFA).

Das ist so, wie wenn wir uns seit Jahren auf einer anstrengenden Wanderung befinden, das Ziel in weiter Ferne. Wir haben einen isotonischen Drink gemixt, der uns mit allem versorgt, was wir brauchen. Wir haben nach und nach unsere Kleidung der Wanderung angepasst und herausgefunden, welches Material für welche Wetterbedingungen geeignet ist. Wir haben das richtige Gepäck dabei – schwer, aber tragbar. Nun landet auf einmal ein Flugzeug neben uns, das uns sicher und schnell an unser Ziel bringt. Wir werden eingeladen, darin Platz zu nehmen, unser Gepäck im Gepäckraum zu lassen und den Flug und die Aussicht zu genießen. Das Flugzeug wird vom Piloten persönlich mit Treibstoff versorgt und gewartet und er hat auch für Verpflegung und Sitzgelegenheiten gesorgt. Plötzlich ist alles anders – alle eigenen Schutzvorrichtungen und Überlebensstrategien sind hinfällig. Wir sollen uns diesem Piloten anvertrauen, den wir nicht einmal so gut kennen.

Unsere Seele darf lernen, Schutzmechanismen loszulassen und sich ganz auf den neuen »Piloten« zu verlassen.

Ein sehr unvollkommener Vergleich, der hoffentlich trotzdem den Wechsel vom Leben nach der alten Natur zu dem Leben im Geist veranschaulicht.

Dieser Prozess der Umgestaltung und der Erneuerung des Denkens (Epheser 4,23-24) wird auch »Heiligung« genannt. Heiligung ist Training und Erziehung. Die neuen Wege, das neue Denken und die neue Sprache müssen »angezogen«, geübt und trainiert werden. Im Gegensatz zur einmaligen Hinwendung zu Gott, wenn unser Geist neu geboren wird, ist die Heiligung ein Weg, der sich über längere Zeit hinzieht. Ehrlich gesagt glaube ich nicht, dass dieser Prozess jemals als abgeschlossen betrachtet werden kann – jedenfalls nicht, solange wir hier auf der Erde sind.

Leben im Geist

Wir brauchen die Unterscheidung, aus welcher Quelle heraus wir hören, sehen, sprechen und leben. Die beiden Lebensweisen stehen sich gegenüber. Wir müssen uns für die eine oder andere entscheiden – Teamarbeit funktioniert hier nicht:

> *Lebt nach dem Geist. Dann werdet ihr nicht tun, was eure alte Natur will. Denn die alte Natur will, was dem Geist widerspricht, und der Geist will, was der alten Natur widerspricht. Sie widerstreben einander, sodass ihr euch unfähig findet, eure guten Absichten auszuführen.*
> Galater 5,16-17; Jüdisches Neues Testament

Wir sind eingeladen, die Werke der alten Natur, des Fleisches, völlig abzulegen und uns der guten Führung unseres erneuerten Geistes anzuvertrauen.

> *So kann sich nun in unserem Leben die Gerechtigkeit verwirklichen, ... dass wir uns vom Geist Gottes bestimmen lassen und nicht mehr von unserer eigenen Natur. Wer sich von seiner eigenen Natur bestimmen lässt, dessen Leben ist auf das ausgerichtet, was die eigene Natur will; wer sich vom Geist Gottes bestimmen lässt, ist auf das ausgerichtet, was der Geist will.*
> Römer 8,4-5; NGÜ

Von wem wir uns leiten lassen wollen, dürfen wir immer wieder neu wählen. Das ist beruhigend, aber auch etwas anstrengend am Anfang. Wenn du gleich gestrickt bist wie ich, mag die alte Natur es gar nicht, dass sie sich nicht mehr frei ausleben darf. Sie mag es nicht, sich zurückzunehmen.

Wie die alte Natur sich verhält, wissen wir vermutlich ziemlich gut. Unser Fleisch ist der Teil in uns, der sich ständig Gehör verschaffen will, weil er scheinbar zu wenig Beachtung findet. Das Fleisch nimmt sich, was es als seinen Anteil betrachtet. Es ist voller Ansprüche an die Menschen und Umstände und es muss ständige Bestätigung, Aufmerksamkeit und Ermutigung erhalten. Die alte Natur lebt von der Liebe und Anerkennung der Menschen, sie lechzt nach Bestätigung und danach, verstanden und geliebt zu werden. Und sie scheut sich auch nicht, die Menschen um sich herum zu manipulieren und zu steuern, um das zu erhalten, was sie zu brauchen meint.

Unsere alte Natur sitzt auf dem Beobachtungsposten und beurteilt und verurteilt ständig alle anderen, begibt sich selbst aber nicht in die Arena. Sie hält sich selbst lieber bedeckt. Unser Fleisch ist voller Minderwert und gleichzeitig voller Stolz. Es ist angsterfüllt und hat gelernt, Situationen zu vermeiden, in denen Schwachheit und Bedürftigkeit an die Oberfläche kommen. Die alte Natur zieht sich zurück und schmollt, wenn sie falsch verstanden, nicht gehört oder übergangen worden ist. Sie rebelliert aktiv oder passiv, wenn ein Leiter oder eine Vorgesetzte es anders machen, als sie es gut findet.

> *Die alte Natur lebt von der Anerkennung der Menschen, sie lechzt nach Bestätigung.*

Das Fleisch will nicht dazulernen, es will weder belehrt noch hinterfragt werden. Überhaupt ist Ärger eine der Hauptempfindungen der alten Natur, weil sie aus Wünschen und

Ansprüchen lebt, die unerfüllt bleiben. Die alte Natur lebt grundsätzlich von anderen und sieht sich als Opfer der Umstände und Entscheidungen von anderen Menschen. Sie weigert sich, sich trösten lassen.

> Kennst du das? Also ich kenne alle diese Dinge sehr gut, sozusagen aus erster Hand!

Unsere Seele darf lernen, sich der Führung des neugeborenen Geistes anzuvertrauen. Sie darf ihre Schutzmechanismen, Mauern und Masken ablegen und Stück für Stück Vertrauen fassen.

Für die alte Natur hat Gott eine Lösung bereit: Wir müssen sie nicht ändern, nicht »aufhübschen« und nicht optimieren, sondern wir dürfen sie ganz einfach ans Kreuz bringen. Wir dürfen uns dieser Art zu leben für gestorben halten: »Denn ich bin durchs Gesetz dem Gesetz gestorben, damit ich Gott lebe. Ich bin mit Christus gekreuzigt« (Galater 2,19). Das schreibt sich mit wenigen Worten leicht hin; tatsächlich ist es aber ein tägliches Üben und kostet uns manchmal alles!

Es ist alles vollbracht. Wir dürfen Gottes Geschenk in Anspruch nehmen und uns immer wieder neu dafür entscheiden, uns vom Geist Gottes führen, prägen und verändern zu lassen. Wir dürfen lernen, ganz in der unsichtbaren Realität Gottes zu Hause zu sein. Lernen, im Geist, prophetisch zu leben.

7 Prophetisch leben – Das Abenteuer beginnt

Hast du die Sehnsucht nach dem Vaterherz Gottes? Ich auf jeden Fall. Ich wünsche mir, seine Kraft und Herrlichkeit immer mehr so zu erfahren, dass sie mein Hier und Jetzt völlig verändert. Der Prophet Hesekiel hat das auf sehr eindrückliche Art und Weise erlebt. Lass uns Hesekiels Weg folgen. Er berichtet:

Einmal wurde ich vom Herrn ergriffen und hatte eine Vision. Darin hob mich Gottes Geist empor und brachte mich in ein weites Tal, das mit Totengebeinen übersät war. Dann führte er mich durch die ganze Ebene und ich sah dort unzählige Knochen verstreut liegen. Sie waren völlig vertrocknet. Gott fragte mich: »Du Mensch, können diese Gebeine je wieder lebendig werden?«
Ich antwortete: »Herr, mein Gott, das weißt du allein!«
Da sagte er zu mir: »Sprich zu diesen dürren Knochen und fordere sie auf: Hört, was der Herr euch sagt: Ich bringe Geist in euch zurück und mache euch wieder lebendig! Ja, das verspreche ich, Gott, der Herr. Ich lasse Sehnen und Fleisch um euch wachsen und überziehe euch mit Haut. Meinen Atem hauche ich euch ein, damit ihr wieder lebendig werdet. Daran sollt ihr erkennen, dass ich der Herr bin.«
Ich tat, was Gott mir befohlen hatte. Noch während ich seine Botschaft verkündete, hörte ich ein lautes Geräusch und sah, wie die Knochen zusammenrückten, jeder an seine Stelle. Vor meinen Augen wuchsen Sehnen und Fleisch um sie herum, und darüber bildete sich Haut. Aber noch war kein

Leben in den Körpern. Da sprach Gott zu mir: »Du Mensch, ruf den Lebensgeist und befiehl ihm in meinem Namen: Komm, Lebensgeist, aus den vier Himmelsrichtungen und hauche diese toten Menschen an, damit sie wieder zum Leben erwachen!«
Ich tat, was Gott mir befohlen hatte. Da erfüllte der Lebensgeist die toten Körper, sie wurden lebendig und standen auf. Sie waren so zahlreich wie ein unüberschaubares Heer.
Hesekiel 37,1-10

Diese Vision ist für mich der Inbegriff prophetischen Lebens. Hesekiel ist an Gottes Seite, hört, was Gott ihm sagt, spricht es aus, in die Leere hinein, und Leben entsteht. Knochen werden zu dem, was sie waren und was sie sein sollten: Menschen, von Leben und Kraft erfüllt, eine ganze Armee.

Mit dem Aussprechen der Worte Gottes entsteht das Leben, das Gott sich gedacht hat. Die Worte tragen Gottes Auferstehungskraft in sich.

Schauen wir uns die Geschichte an: Hesekiel wird im Geist in ein weites Tal geführt, das mit Totengebeinen übersät ist. Unzählige vertrocknete Knochen sind alles, was er sehen kann. Also nicht nur Knochen, die den Tod veranschaulichen, sondern vertrocknete Knochen. Doppelt tot, sozusagen. Ein wüster, trostloser Anblick. Als Gott ihn fragt, ob diese Gebeine je wieder lebendig werden könnten, antwortet Hesekiel diplomatisch: »Nur du weißt das, Herr!«

Wer weiß, ob Hesekiel insgeheim daran zweifelt, dass mit diesen Knochen noch irgendetwas passieren würde. Vielleicht denkt er: »Aus der Nummer bin ich endgültig raus!« Aber dann spielt Gott ihm den Ball wieder zu: »Weissage über diese Gebeine und sprich zu ihnen.« Hesekiel spricht aus, was Gott anordnet, und das Wunder geschieht: Fleisch, Sehnen und Haut entstehen vor seinen Augen und legen sich über die toten Knochen. Als er Gottes Aufforderung zum zweiten Mal nachkommt, den Lebensgeist ruft und ihm befiehlt, den Körpern Leben einzuhauchen, werden sie alle vor seinen Augen lebendig. Ein unüberschaubar großes Heer steht da, wo vorher vertrocknete Knochen herumlagen. Wow!

Gottes Sicht ist anders als unsere Sicht

Ohne Weiteres hätte Gott die Sache auch selbst in die Hand nehmen und die Gebeine durch sein eigenes Reden zum Leben erwecken können. Aber er wählt anders. Er will Hesekiel dabei an seiner Seite haben. Gott möchte uns hineinnehmen in das, was er tun will. Er will uns seine Pläne offenbaren und sie mit uns teilen, weil er es liebt, uns zu Partnern und Teilhabern seiner Pläne zu machen.

Das deprimierende, entmutigende Bild, das Hesekiel von der Ebene hatte, haben wir vielleicht auch manchmal, wenn wir die Welt anschauen, zum Beispiel beim Zeitunglesen. Wir lesen von Hass und Tod, von Gewalt und Ungerechtigkeit, von Manipulation und Betrug. Und manchmal ist die Hoffnungslosigkeit auch greifbar nahe: Im Haus gegenüber streiten sich ein Vater und eine Mutter erbittert, die Kinder fürchten sich. Ein junges Mädchen wird von anderen wegen ihres Gewichts ausgelacht und gemobbt. Eine Bekannte erhält nach

Gott sieht schon das Wunder, das noch nicht geschehen ist.

mehr als zehn Dienstjahren die Kündigung, weil sie von ihrer Vorgesetzten nicht gemocht wird. Da sie über fünfzig ist, ist es schwierig, eine neue Stelle zu finden. Ich schimpfe mit meinem Kind, obwohl ich tief innen weiß, dass es sich nicht absichtlich so verhält. Es verlässt das Haus wütend und traurig und im genau gleichen Zustand bleibe ich auch zurück. Und das, obwohl ich am gleichen Tag gebetet hatte, dass der Friede Gottes im Haus herrschen möge. Schon wieder habe ich versagt und böse Worte ausgesprochen, anstatt Frieden zu stiften. »Das wird nie was!«, denken wir entmutigt. »Es ist hoffnungslos.«

Gott ist anders. Er weiß um seine Möglichkeiten, die unsere Grenzen bei Weitem übersteigen. Während Hesekiel Tod und Dürre sieht, hat Gott seine eigene schöpferische Kraft und seine Stärke vor Augen. So sieht er schon ein lebendiges, gewaltiges, riesiges Heer. Er sieht das Wunder, das noch nicht geschehen ist. Gottes Perspektive ist ganz anders als unsere.

Obwohl bei diesem Anblick menschlich gesehen nichts zu machen ist, spricht Hesekiel gehorsam aus, was Gott ihm aufträgt, und das Unglaubliche passiert: Hesekiel sieht mit seinen eigenen Augen, was Gott tut. Das gehorsame Aussprechen erweitert seine menschliche Perspektive in die übernatürliche Sicht Gottes. Gott hat seine Möglichkeiten im Blick und weiß, dass ihm nichts unmöglich ist. Und in diese Perspektive will er uns hineinnehmen.

Eine neue Heimat an Gottes Seite

Lesen wir noch mal den Anfang von Hesekiels Abenteuer: »Des Herrn Hand kam über mich, und er führte mich hinaus im Geist des Herrn und stellte mich mitten auf ein weites Feld; das lag voller Totengebeine. Und er führte mich überall hindurch« (Hesekiel 37,1-2a).

Hesekiel wird vom Geist Gottes durch diese morbide Ebene geführt. Er ist in einer Vision mit dem Geist Gottes unterwegs. Er ist an Gottes Seite.

Genau dort, an Gottes Seite, ist auch unser Platz. Die Gegenwart Gottes ist der Ort, wo wir hingehören, unser *place to be*. Jederzeit dürfen wir vor den Thron Gottes kommen, und das freimütig, also ohne Angst und Heimlichkeit – frei und mutig! Egal, wie gut oder wie schlecht wir uns gerade fühlen, wie würdig oder armselig: Wir sind eingeladen an den gedeckten Tisch, zum Thron der Gnade, in die Gegenwart und Herrlichkeit Gottes. Das dürfen wir, weil wir als Kinder Gottes vom Reich der Finsternis – hier wird das Leben ohne Gott brutal beim Namen genannt – ins Reich des Sohnes Gottes, also Jesu, versetzt worden sind: »Er hat uns errettet aus der Macht der Finsternis und hat uns versetzt in das Reich seines geliebten Sohnes« (Kolosser 1,13).

Epheser 2,6 präzisiert: »Er hat uns mit auferweckt und mit eingesetzt im Himmel in Christus Jesus.« Das heißt also: Wenn wir mit Gott leben, ist der Himmel – die Gegenwart Gottes – unsere neue Heimat. Wir sind in ein neues Reich *versetzt* und im Himmel *mit eingesetzt*. Die *New International Version* übersetzt »platziert«. Diese Wortwahl macht deutlich, dass wir nicht zufällig in der Gegend sind, sondern dass Gott uns umgepflanzt, versetzt, neu positioniert hat, nämlich als die Heiligen Gottes, auch Bürgerinnen und Bürger des Himmels und Gottes Hausgenossen genannt. Wir sind also in den himmlischen Räumen wohnhaft, beheimatet, ansässig.

Heimat – für mich ist das der Duft von frisch gebackenem Brot und duftendem Kaffee, Tischgemeinschaft, dazugehören und will-

> *Freimütig kommen wir vor den Thron Gottes, ohne Angst und Heimlichkeit – frei und mutig!*

kommen sein. Wenn ich zu Hause bin, weiß ich mich geliebt und angenommen, so wie ich bin. Heimat – sie hat Gott für uns bereit! Und so stellt er wieder her, was von Anfang an sein Plan und von unserer Unwilligkeit zwischenzeitlich unterbrochen worden war: dass wir als seine Ebenbilder beständige Gemeinschaft mit ihm haben können und dass die Herrlichkeit Gottes wieder unser natürlicher Lebensraum ist.

Was früher nur dem Hohepriester im Allerheiligsten zugänglich war und ausschließlich nach dem Durchlaufen verschiedenster Reinigungsrituale, hat Jesus Christus für uns wiederhergestellt: »Das … Evangelium besteht darin, dass Jesus durch sein Werk nicht nur unsere Gerechtigkeit, unsere Freiheit und unsere Gesundheit wiederhergestellt hat, sondern uns auch unseren ursprünglichen Lebensraum – die Herrlichkeit Gottes – zurückgegeben hat!«[14]

Leben wir in unserer himmlischen Heimat?

Zu wissen, wo unsere wirkliche Heimat ist, bewirkt, dass wir unser Herz neu auf den Himmel ausrichten. Das wird unser Leben auf der Erde entscheidend prägen, denn wir beginnen, uns im Licht der Möglichkeiten und Realitäten Gottes zu sehen.

Der ältere Bruder aus dem bekannten Gleichnis des verlorenen Sohnes ist ein Beispiel für einen Menschen, der seine Heimat nicht wirklich kennt.[15] Er ist, als der abtrünnige Bruder nach Hause zurückkehrte, auf dem Feld gewesen und hört, als er von der Arbeit zurückkam, schon von Weitem den Klang von Musik und Tanz. Als er einen Angestellten seines Vaters ruft und ihn fragt, was das zu bedeuten habe, bekommt er zur Antwort: »Dein Bruder ist zurückgekommen und dein Vater hat das Mastkalb schlachten lassen, weil er ihn wohlbehalten wiederhat.« Das war zu viel. Mitfeiern? Ins

Haus hineingehen? Auf keinen Fall! Doch sein Vater kommt heraus, um ihm gut zuzureden. Der Sohn hält dem Vater vor, dass er jahrelang für ihn gearbeitet und ihm immer gehorcht hat – und doch nie einen Ziegenbock erhalten habe, um mit seinen Freunden feiern zu können. Aber sein Bruder, der sein Erbe verprasst und für Prostituierte ausgegeben hat – der bekommt jetzt ein Mastkalb!

Es hört sich nach einer schreienden Ungerechtigkeit an und die Gefühle des älteren Bruders sind mehr als nachvollziehbar. Der ältere Sohn hat jahrelang dem Vater gedient, er hat alles richtig gemacht und treu geholfen. Und nun bekommt ausgerechnet der Abtrünnige das Fest! Ist das nicht ungeheuerlich?

Für den Vater ist der ältere Sohn allerdings überhaupt nicht bedauernswert. Anstatt ihn zu bemitleiden, sagt der Vater mit fester Liebe, aber trotzdem fast etwas verständnislos: »Du bist immer bei mir und alles, was mir gehört, gehört auch dir! – Alles, was mir gehört, mein ganzer Reichtum – du hast Anteil daran! Nimm dir, was immer du brauchst! Ergreife dein Erbe!«

Der ältere Sohn hätte jederzeit eine Party schmeißen dürfen. Mit oder ohne Mastkalb. Der ganze Haushalt, das ganze Vermögen seines Vaters stand zu jeder Zeit zu seiner Verfügung. Restlos alles, was dem Vater gehört, gehört auch ihm. Er hat Zugang zum ganzen Reichtum seines Vaters, denn er ist Sohn und Erbe. Nur war ihm das nicht bewusst. Er lud keine Freunde ein, um zu essen und zu trinken, und er genoss die Vorzüge des Reichtums nicht. Er tat seine Pflicht, machte Dienst nach Vorschrift. Das Ergebnis ist, dass er sich benachteiligt fühlt, weil ein anderer scheinbar schamlos und unbekümmert in Anspruch nimmt, was der Vater ihm schenkt. Noch dazu ohne Leistungspunkte!

Gottes Reichtümer und Realitäten

Da wir in den himmlischen Räumen beheimatet sind, haben wir Zugang zu allen Reichtümern und Schätzen Gottes. Was sind denn diese »Mastkälber« – die Reichtümer und Schätze, die Möglichkeiten und Realitäten Gottes?

Gottes Realitäten offenbaren sich in seinem Wesen und in seinem Wort. Das Wesen Gottes ist Liebe und Güte, sein Reich ist auf Recht und Gerechtigkeit gegründet:

- Gott ist der Gott, der heilt: *Jahwe rofe'* (2. Mose 15,26).
- Er ist mein Versorger: *Jahwe jireh* (1. Mose 22,14).
- Und er ist der Gott, der mich sieht: *El ro'i* (1. Mose 16,13-14).

Das alles ist so sehr sein Wesen, dass er sich so nennt! Und natürlich ist Gott auch unser Vater. Dieses Bild möchte ich jetzt hervorheben. Im Brief an die Galater ermutigt uns Paulus, Gott »lieber Vater« zu nennen (Galater 4,6): »Abba, lieber Vater!« Es ist eine vertrauensvolle Anrede des Vaters, ähnlich unserem Wort »Papa«. Gottes Vaterherz ist voller Liebe und Großzügigkeit: »Wie viel mehr wird euer Vater im Himmel Gutes geben denen, die ihn bitten« (Matthäus 7,11).

Das Gleichnis des verlorenen Sohnes sagt viel über unsere neue Identität als Kinder Gottes aus und es beschreibt die unendliche, bedingungslose Vaterliebe Gottes zu uns. Wie war das in der Geschichte mit dem jüngeren Sohn? Als er in der Fremde merkt, dass er nichts mehr ist und nichts mehr hat, denkt er an das Haus seines Vaters, wo er immer alles erhalten hat, was er brauchte. So beschließt er heimzukehren:

»Ich will mich aufmachen und zu meinem Vater gehen und zu ihm sagen: Vater, ich habe mich gegen den Himmel und

gegen dich versündigt; ich bin es nicht mehr wert, dein Sohn genannt zu werden. Mach mich zu einem deiner Tagelöhner!«
So machte er sich auf den Weg zu seinem Vater. Dieser sah ihn schon von weitem kommen; voller Mitleid lief er ihm entgegen, fiel ihm um den Hals und küsste ihn.
»Vater«, sagte der Sohn zu ihm, »ich habe mich gegen den Himmel und gegen dich versündigt; ich bin es nicht mehr wert, dein Sohn genannt zu werden.«
Doch der Vater befahl seinen Dienern: »Schnell, holt das beste Gewand und zieht es ihm an, steckt ihm einen Ring an den Finger und bringt ihm ein Paar Sandalen! Holt das Mastkalb und schlachtet es; wir wollen ein Fest feiern und fröhlich sein. Denn mein Sohn war tot, und nun lebt er wieder; er war verloren, und nun ist er wiedergefunden.«
Und sie begannen zu feiern.
Lukas 15,18-24

Dieser Sohn hat sein Leben so richtig vergeigt. Er hat alles getan, um sich selbst und damit auch seine Familie in den Schmutz zu ziehen. Er ist zum Verachteten geworden: ein übel riechender Schweinehirte, dem es nicht einmal erlaubt war, aus dem Trog der Schweine zu essen. Das Vermögen des Vaters, das der sich hart und ehrlich erarbeitet hatte: weg! Aber der Vater sieht seinen Sohn von Weitem. Er muss immer wieder nach ihm Ausschau gehalten haben. Und als er ihn endlich kommen sieht, rennt er ihm entgegen, fällt ihm um den Hals und küsst ihn. Der Vater ist wie ein Kind, das vor Freude nicht mehr an sich halten kann. Er schließt seinen Sohn fest in die Arme und lässt sein ganzes Haus mitfeiern.

> Der Vater ist wie ein Kind, das vor Freude nicht mehr an sich halten kann, als sein Sohn heimkommt.

Gott ist unser Vater – und wir sind seine geliebten Kinder. Wir dürfen uns in dieser Kindschaft frei und sicher bewegen. Wir haben den stärksten und reichsten Papa an unserer Seite. Er ist für uns, auch wenn wir Mist gebaut haben, und er nimmt uns in seine Arme, wann immer wir zu ihm kommen. Wir haben eine neue Heimat – die himmlischen Räume, die Gegenwart Gottes, seine Herrlichkeit.

Dass Gottes Realitäten sich in seinem Wort offenbaren, bedeutet einfach: Was Gott sagt, meint er auch so. Da sind zum Beispiel Dutzende von Verheißungen. Ganz viele davon beginnen mit: »in Christus«. Da wir ja in Christus sind (Römer 6,11), haben wir Anteil an ihm und dürfen kühn und mutig voraussetzen, dass alle diese Verheißungen für uns gelten:

- das ewige Leben (Römer 6,23)
- Freiheit (Römer 8,2)
- Gnade (1. Korinther 1,4)
- Anteil an seinem Sieg (2. Korinther 2,14)
- eine neue Schöpfung (2. Korinther 5,17)
- mitauferweckt und miteingesetzt im Himmel (Epheser 2,6)
- gerecht gemacht (2. Korinther 5,21)
- erwählt (Epheser 1,4)
- versiegelt mit dem Heiligen Geist (Epheser 1,13)
- Weisheit und Erkenntnis (Sprüche 2,10)
- Freude und Frieden (Römer 15,13)
- weiten Raum (2. Samuel 22,37)
- Vergebung (1. Johannes 1,9)
- Befreiung von Angst (z. B. Psalm 34,5)
- Versorgung (Psalm 23,1) und noch so viel mehr …

Es sieht ganz so aus, als würde uns Gott nichts vorenthalten von dem Guten, das er geschaffen hat. Er will uns alles schenken: Leben in ganzer Fülle, im Überfluss (Johannes 10,10).

> Das und noch viel mehr sind die Schätze und Realitäten Gottes. Und wir dürfen sie uns zu eigen machen. Du darfst sie dir nehmen, sie sind dein Erbe und es ist immer genug da! Nimmst du sie?

Frieden, auch wenn der Sturm tobt

Dass Gott uns all diese Dinge verheißt, bedeutet nicht, dass uns nie etwas passieren wird und dass wir immer vor allem geschützt sein werden. Es heißt nicht, dass wir uns nie bedrängt und ohnmächtig fühlen. Es sind Verheißungen, die Gott mitten in unser Leben hineinspricht – ins Glück, in die Freude, in die Gemeinschaft, aber auch in das Leid, in den Verlust und in die Todesangst. Ja, diese Dunkelheit existiert, wir müssen da nichts wegdiskutieren. Wir fürchten uns, wir sorgen uns, wir sind unter Druck. Genau dorthinein kommt dieser liebevolle, starke Gott mit seiner übernatürlichen Versorgung. An seinem Herzen finde ich Geborgenheit, Trost und Liebe. Ich finde Gerechtigkeit, auch wenn Menschen mich verdammen. Ich finde Frieden, auch wenn der Sturm unheimlich tobt, und ich finde Trost mitten in Schmerz und Traurigkeit.

Diese Dinge finde ich manchmal nicht in fünf Minuten. Manchmal über Tage oder Wochen nicht! Aber wenn ich sie irgendwo finden kann, dann an Gottes Herzen und in seiner Gegenwart.

Als ich nach einem Ski-Unfall operiert werden musste, fürchtete ich mich vor der Operation. Was würde mit mir passieren? In meiner Angst kam mir der Psalm 23 in den Sinn. Altbekannt und trotzdem so reich an himmlischen Schätzen: »Der Herr ist mein Hirte. Mir wird nichts mangeln.« Diese Worte gaben mir Trost. Ja, ich hatte den Hirten erlebt. Ich spürte die Gegenwart des himmlischen Vaters, vom Zeitpunkt des Unfalls auf der Piste, als ich mit dem Helikopter ins Krankenhaus geflogen wurde, bis jetzt. Ich hatte mich nicht eine Sekunde lang allein gefühlt. Ich war verletzt und angeschlagen, aber nicht allein. »Der Herr ist mein Hirte, mir wird nichts mangeln« – dieser Vers tröstete mich sehr und ich konnte Gott die Verantwortung für meinen Körper überlassen. Wenn ich ihm vollumfänglich gehöre, dann ist es auch Gottes Sache, was er mit meinem Körper macht. Die Operation verlief gut, aber es sind immer noch Auswirkungen davon spürbar. Das schmerzt. Und trotzdem kann ich auch mit dieser kleinen Einschränkung im uneingeschränkten Frieden Gottes sein.

>>Wenn du sagst, dass du mir deinen Frieden gibst, dann vertraue ich darauf, dass du es tust!<<

Nicht ich bin es, die den Frieden mit Anstrengung herbeibeten muss. Ich muss nicht versuchen, mich krampfhaft friedlich zu fühlen. Nein, es ist Gott selbst, der mein Friede ist und ihn mir gibt. Jesus sagt: »Frieden lasse ich euch, meinen Frieden gebe ich euch« (Johannes 14,27). So kann ich also zu Jesus sagen: »Wenn du sagst, dass du mir deinen Frieden gibst, dann vertraue ich darauf, dass du es tust! Ich bin gespannt, wie du es zustande bringst! Ich habe nämlich gerade keine Ahnung, wie das funktionieren soll.«

Worte Gottes sind Versorgung, kein Anspruch. Wenn Gott mir Dinge zeigt, die er tun will, dann sind das eben genau Dinge, die er selbst tun will oder die er selbst schon für mich getan hat. Dinge, die ich einfach nehmen darf.

Einmal war ich mit meinen Kindern im Auto unterwegs und es gab einen erbitterten Streit. Ich war am Steuer und konnte überhaupt nichts beitragen oder dagegen tun. Da bat ich Gott um seinen Frieden, indem ich ihn an seine Verheißung erinnerte, dass er uns unseren Frieden lässt und uns seinen gibt. Ich sagte ein paarmal leise: »Ich gebe deinem Frieden jetzt Raum. Danke für deinen Frieden!« Der Frieden kam und erfüllte das ganze Auto mit Ruhe.

Wenn ich Gottes Verheißungen im Vertrauen ergreife, manchmal meinen Gefühlen zum Trotz, kann ich erleben, dass er mir gibt, was ich brauche. Nicht immer sofort. Aber er ist an meiner Seite. Ich darf um Liebe für meine Kinder bitten, wenn sie mir gerade fehlt. Ich darf um Großzügigkeit bitten, wenn mein Geduldsfaden am Reißen ist. Ich darf um Frieden bitten, wenn ich eine innere Not habe.

Manchmal erinnere ich Gott an seine Verheißungen: »Du hast gesagt…!« Manchmal danke ich ihm einfach kühn dafür, im Voraus, bevor ich eine der Verheißungen empfange. Manchmal spreche ich aus, dass ich dem, was er verheißt, Raum gebe. Was immer wir sagen und wie wir es sagen: Gott zuzutrauen, dass er Umstände verändern kann, ehrt ihn. Oder unser Herz zur Ruhe bringen, inmitten von Umständen. Nicht das Wie ist wichtig, sondern dass ich Gott Vertrauen entgegenbringe. Gerade das hörbare Sprechen fordert mich manchmal ziemlich heraus; viel lieber denke ich es einfach. Vor allem, wenn ich bedrückt bin, verfalle ich ins Schweigen. Aber das gesprochene Wort hat Kraft. Es holt mich so oft aus meiner Komfortzone heraus und bringt mich in die Perspektive Gottes, auch wenn ich mir anfangs immer noch seltsam vorkomme.

Gottes Worte sind nicht Anspruch, sondern Versorgung.

> Kühnes Vertrauen auf die großzügige Liebe und Versorgung Gottes ist wie eine Schaufel, mit der wir die Schätze des Himmels heben können. Oder mit einem anderen Bild gesprochen: Glaube ist die offene Tür zur Schatzkammer Gottes.

Eine befreiende Entdeckung über Glauben machte ich, als ich mir die Übersetzung des hebräischen Worts für »Glauben« genauer anschaute. Griechisch heißt Glauben *pisteo*: eine »intellektuelle Überzeugung, dass etwas wahr ist«. Das ist etwas, das ich immer wieder schwierig fand und trotzdem krampfhaft versuchte. Im Gegensatz dazu ist das jüdische Verständnis von Glauben beziehungsorientiert. Das alttestamentliche *aman* (glauben) heißt unter anderem »unterstützen, bestätigen, treu sein, stützen, nähren« und bezieht sich im Sprachgebrauch zum Beispiel auf Pflegeeltern oder Krankenschwestern. Eine andere Bedeutung von *aman* ist »bewährt sein, verbürgt sein, treu sein, getragen werden, beständig machen«. Das steht in Beziehung dazu, von einer Krankenschwester oder Pflegeeltern umsorgt zu werden.

Im Hebräischen steht die beziehungsorientierte und praktische Bedeutung des Wortes »Glauben« im Vordergrund. Im Grunde genommen kann man *aman* auch mit »Vertrauen in eine Person« übersetzen – Vertrauen in die Person Jesus. Mir persönlich hat das sehr geholfen. Dadurch, dass die hebräische Sprache Vertrauen mit einer Person verknüpft, ist Glauben für mich nun zum Vertrauen auf Jesus, meinen Hirten und meinen Freund, geworden. Aus der Kopfsache ist eine Herzenssache geworden.

Denn auch uns ist eine gute Botschaft verkündigt worden, wie auch jenen; aber das gehörte Wort nützte jenen nicht, weil es bei denen, die es hörten, sich nicht mit dem Glauben verband.
Hebräer 4,2; ELB

Wenn wir also glauben, unserem Vater vertrauen, dass er uns die Dinge geben will, die er uns verheißen hat, dann dürfen wir ihn ganz einfach und kindlich um alles bitten, was wir brauchen. So leben wir in seinen Verheißungen. Wenn Gottes Wort auf Resonanz in unserem Herzen trifft – und sei es nur ein schwacher Funke des Wunsches, ihm glauben zu können –, dann entzünden sich mit diesem schwachen Funken wahre Feuer. Denn Gott selbst kommt hinein, er wirkt an uns und in uns und verwirklicht selbst sein Wort.

Aus diesem Lebensraum heraus leben wir, aus der himmlischen Perspektive. Gottes Möglichkeiten und Realitäten werden zu meiner erlebbaren Realität. Aus meiner himmlischen Heimat heraus, mit der Perspektive des Vaters, lebe ich mit Gott; höre ich, was er sagt; sehe ich, was er mir zeigt; spreche ich, was er mich heißt.

Als Hesekiel das Knochenwunder erlebte, war sein Geist in der Gegenwart Gottes. Als Prophet Gottes im Alten Testament hatte er das Privileg, an der Seite des Vaters sein zu dürfen. Heute müssen wir nicht das Amt eines Propheten innehaben, um hier und jetzt in Gottes Herz Heimat zu finden. Jesus Christus selbst hat uns eine neue Heimat ermöglicht, im Hier und Jetzt. Wir sind Gottes Töchter und Söhne, seine geliebten Kinder, deren wahre Heimat der Himmel ist.

8 Hörend leben

Machen wir uns weiter auf den Weg Hesekiels, der durch seine Worte, die er von Gott bekommen hat, tote Knochen zum Leben erweckte. Als er im Geist an Gottes Seite war, hörte Hesekiel erst einmal zu und erfuhr so, was Gott vorhatte. Er hörte die Stimme Gottes.

> Hören wir Gottes Stimme? Ist unser Herz auf Empfang? Erwarten wir, dass Gott spricht? Glauben wir, dass er an unserem Alltag interessiert ist? An dem, was uns im Moment beschäftigt?

Ich merke immer wieder, dass ich das Hören bewusst einüben muss. Es ist nichts, das automatisch läuft. Aber man kann einen Lebensstil des Hörens trainieren.

Unsere Zeit ist sehr laut. Die kleinen, leuchtenden Anzeigen unserer elektronischen Geräte sind allgegenwärtig. Gott hat keine App, nichts leuchtet rot auf, wenn er Kontakt aufnimmt. Daher braucht es unsere Bereitschaft, hinzuhören. Gott ist Teil unseres Alltags. Er ist mittendrin, da, wo wir sind. Er will uns in den Dingen, die uns beschäftigen, begleiten. Er lebt in uns. Wir sind niemals allein. Wenn uns das bewusst ist, fällt es uns leichter, hinzuhören. Das ist der erste Schritt zu einem hörenden Lebensstil. Und wie können wir es konkret einüben, im Alltag auf Gott zu hören?

Hinhören einüben

Ich habe mir angewöhnt, Gott im Alltag immer wieder Fragen zu stellen. Ob kleine und große Unsicherheiten, beide sind am besten bei ihm aufgehoben! Und so frage ich ihn allerlei während des Tages: »Meine Kinder streiten. Wie soll ich jetzt gerade reagieren?« – »Soll ich dieser Organisation etwas spenden? Wenn ja, wie viel?« – »Wem soll ich dieses Jahr eine Weihnachtskarte senden?« – »Was könnte ich heute kochen?« – »Ich brauche Unterstützung in meiner Leitungsfunktion. Wen soll ich anfragen?« – »Wen schlägst du mir für dieses Team vor? Wer eignet sich für diese Aufgabe?« – »Was soll ich meinem Mann zum Geburtstag schenken?« – »Soll ich bei dieser Anfrage zu- oder absagen?« – »Wem könnte ich heute eine Nachricht mit einem lieben Gruß senden?«

Ich habe die Erfahrung gemacht, dass das Hören im trubeligen Alltag gut klappt, wenn ich eine konkrete Frage an Gott habe und sie ihm stelle. Es gibt noch viele weitere Möglichkeiten, sich im Hören zu trainieren, zum Beispiel die folgenden:

»Nimm dir Zeit!«
Meine Freundin Silvia machte an einem Tag, an dem sehr viel los war, einen kurzen Spaziergang mit ihrer Zweijährigen. Es war die Standardrunde, nichts Besonderes. Als sie auf die Straße trat, hörte sie Gott sagen: »Heute wirst du Lara treffen. Nimm dir Zeit!« Lara war eine Mutter aus ihrem Dorf, die ebenfalls ein kleines Mädchen hatte. Ihr Haus lag an der Standardrunde. Gerade als sie an ihrem Haus waren, schob Lara ihren Kinderwagen nach draußen. Sie gingen gemeinsam den Weg entlang, das erste Mal überhaupt. Aus einer netten Unterhaltung wurde ein tiefes Gespräch über eine Krankheit von Lara und deren Auswirkungen auf die Schwangerschaft. Sie öffnete sich Silvia gegenüber, obwohl sich beide nur vom

Sehen her kannten. Besonders der zweite Gedanke, den Gott zu ihr gesagt hatte, »Nimm dir Zeit«, half meiner Freundin, innerlich ruhig zu bleiben und nicht gehetzt nach Hause zu wollen, wo sich ihre anderen Kinder samt Besuch aufhielten.

Etwas ganz Ähnliches habe ich erlebt, als es bei uns im Pfarrhaus wieder einmal klingelte. Es klingeln viele Menschen bei uns im Pfarrhaus. Normalerweise verweise ich die Leute an meinen Mann. Der war aber gerade nicht da. Der Mann an der Tür wollte sich nicht auf die nächste Stunde vertrösten lassen, sondern fragte nach, ob denn im Gemeindehaus jemand sei. Als ich etwas unwillig meine Schuhe anzog, um mit ihm rüberzugehen – ich hatte gerade ein Gebäck im Backofen, das in den nächsten Minuten fertig war –, empfand ich: »Nimm dir Zeit!«

Im Gemeindehaus war niemand. Aber weil ich den Hinweis von Gott gehört hatte, fragte ich, ob ich denn helfen könne. Da stellte sich heraus, dass der Mann drängende Fragen hatte, die den Glauben betrafen. Ich hatte keine beeindruckenden Antworten, aber der Mann schätzte es, dass ich mir Zeit für ihn nahm. Er kam dann am nächsten Tag auch noch zu meinem Mann, suchte und erhielt seelsorgerlichen Rat. Hätte ich nicht hingehört, dann hätte ich den Mann weggeschickt und uns um eine wertvolle Begegnung gebracht.

Gott weiterfragen

Wenn ich bete, frage ich gerne, für wen ich heute beten soll. Wenn mir dann jemand in den Sinn kommt, frage ich weiter: »Was soll ich für diese Person beten?« Dieses Weiterfragen hat sich als viel besser erwiesen, als Gott meine eigenen Wünsche und Vorstellungen zu erklären.

Wenn ich bete, beginne ich meistens mit diesem Offensichtlichen und Naheliegenden und bleibe dabei hörend, warte auf weitere Impulse, die beim Beten kommen. Manchmal komme ich vom Bitten ins Aussprechen und Proklamieren, einfach weil ich innerlich mit dieser festen Gewissheit »weiß«, dass Gott etwas tun will. Oft lande ich bei Herzensanliegen, die mir nicht selbst in den Sinn gekommen wären. Beten mit Gott zusammen ist spannend!

Ich führe auch eine kleine Gebetsliste. Darauf stehen meine »VIPs«, die Personen, für die ich regelmäßig bete, wie meine Kinder und mein Mann. Ich nehme mir Zeit, um Gott zu fragen, wofür ich für diese Menschen beten soll. Was ist sein Wille? Was hat er in dieses Kind, diese Person gelegt? Aus den Informationen, die ich empfange, formuliere ich dann mein Gebet. Ich erfinde das Rad nicht täglich neu, sondern erinnere Gott an die Dinge, die er mir zuvor offenbart hat. Das finde ich superpraktisch. Ich habe solche *Crafted Prayers*[16] bisher für meine Familie verfasst und bete sie immer wieder. Manchmal gibt es eine Ergänzung, mal eine Abwandlung. Mal bleibe ich bei einem Punkt hängen und führe ihn noch etwas aus. Aber ich bleibe dran an den Herzensanliegen – bis ich spüre, dass sie »durch« sind.

»Durch« sind Gebetsanliegen, bei denen eine innere Dringlichkeit und Not einem wachsenden Frieden weichen. Es ist eine innere Gewissheit, dass Gott gehört hat und dass die Not nun da ist, wo sie hingehört: bei ihm. Das ist für mich das Zeichen, zum nächsten Gebetsthema überzugehen.

Im Gespräch mit anderen

Auch im Gespräch mit anderen Menschen können wir das bewusste Hinhören einüben. Wenn ich mit jemandem rede, passiert es oft, dass mich eine bestimmte Aussage ins Herz trifft und ich mich immer wieder daran erinnere. Ich nehme das inzwischen als das Reden Gottes wahr, wenn es den Geschmack von Leben hat.

Manchmal habe ich während eines Gesprächs selbst Impulse oder Eingebungen. Wenn jemand spricht, erinnere ich mich an eine

Aussage einer anderen Person, an einen Satz aus einem Buch oder an eine Aussage aus einer Predigt. Ich habe es mir zur Gewohnheit gemacht, diese Dinge ins Gespräch einzubringen, da ich davon ausgehe, dass es Gott ist, der mich an sie erinnert, und dass er die Person damit ermutigen möchte.

Manchmal habe ich keine spürbaren Impulse und erhalte doch die Rückmeldung, dass dieser eine Satz, den ich gesagt habe, etwas verändert hat. Meistens kann ich mich nicht mehr daran erinnern, was es war. Und es kommt auch nicht darauf an! Bei Gesprächen mit anderen Menschen versuche ich grundsätzlich, ein Ohr bei der Person und das andere bei Gott zu haben. Das hört sich kompliziert an, aber wir haben in unserer prophetischen Trainingsgruppe gemerkt, dass es sich ganz natürlich anfühlt – normal, um genau zu sein. Und das ist es ja auch.

> *Bei Gesprächen mit anderen Menschen habe ich ein Ohr bei der Person und das andere bei Gott.*

Mit Gott entscheiden und planen

Meine Zeit steht in deinen Händen, gesungen habe ich dieses Lied schon immer gern, weil ich es schön finde. Aber was es praktisch heißt, dass meine Zeit in der Hand eines großen Gottes ist, verstehe ich viel besser, seit ich meine Zeit gemeinsam mit Gott plane. Ich habe mir angewöhnt, mir am Anfang eines Jahres – und mittlerweile auch nach der ersten Jahreshälfte – Zeit zu nehmen, um mit Gott das vor mir liegende halbe Jahr zu besprechen. Ich will wissen, was Gottes Pläne sind, denn ich wünsche mir, ein Teil von ihnen zu sein!

Oft beginne ich mit einem Rückblick auf das letzte Jahr bzw. Halbjahr, indem ich mir folgende Fragen stelle: Was habe ich geschafft? Was hat mich gesättigt? Was hat mich herausgefordert? Welche Begegnungen haben mich geprägt? Welche Bücher haben mich inspiriert? Worin bin ich gewachsen? Wo kämpfe ich noch immer?

Um das vor mir liegende Jahr oder Halbjahr mit Gott zu besprechen, schreibe ich alle meine Lebensbereiche auf (am liebsten mit verschiedenen Farben auf einer Doppelseite meines Tagebuchs oder auf einem großen, leeren Papierbogen): Familie, Ehe, Haushalt; Backen; Schreiben; Gemeindearbeit; Beziehungen; persönliche Interessen, Zeit mit Gott. Dann lege ich jeden Lebensbereich einzeln vor Gott. Ich frage ihn, was er mir zu den einzelnen Bereichen sagen will, wie seine Sicht ist, welche Priorität er hat und worauf ich bei meinen Planungen achten kann. Was dann kommt – Bibelverse, Leitgedanken, Namen, Bilder –, schreibe ich auf.

Ich will wissen, was Gottes Pläne sind, denn ich wünsche mir, ein Teil von ihnen zu sein!

Der innere Fahrplan

Ich habe ein kleines Cupcake-Unternehmen. Ich backe auf Auftrag und führe Kurse durch. Da Aufträge – vor allem, wenn sie groß sind – auch ziemlichen Aufwand bedeuten und anderes zurückstehen muss, wenn ich backe, bin ich darauf angewiesen, von Gott einen »inneren Fahrplan« zu erhalten: Wie viel Zeit investiere ich wann fürs Backen?

Wie entscheide ich, ob etwas Raum hat oder nicht?

In einem Jahr hatte ich den Eindruck: einen größeren Auftrag oder Kurs pro Monat. Das reicht. Ein anderes Mal habe ich von Gott die

Worte gehört: »Lege alles auf Eis. Mach eine Pause!« Daraufhin habe ich ein Jahr pausiert, alles losgelassen. Ein Jahr später hörte ich: »Freude und Freiheit.« Ich interpretierte, dass er mir die Freiheit lassen will, selbst zu entscheiden, welche Aufträge ich annehme und welche nicht. Aber was auch immer ich tue: Es soll mir Freude machen und ich soll mich frei fühlen. So weit und unkonkret, so gut. Mit dieser Anleitung prüfte ich bei jeder Anfrage, ob sie in mir Frieden oder Stress auslöste, und entschied dann nach diesem inneren Frieden. Ein paar Monate lang lief es gut, aber im August und September fing ich an, mich ziemlich gestresst zu fühlen. Ich musste mir eingestehen, dass ich ein paar meiner Aufträge nur deshalb angenommen hatte, weil ich nicht Nein sagen konnte. Es ist ein Weg, auf dem ich viel lerne.

Auch bei Beziehungen frage ich Gott gerne: Welche Freundschaften haben in diesem Jahr eine besondere Priorität? In welche Beziehung soll ich investieren? Die Namen, die mir dann in den Sinn kommen, schreibe ich auf. Vor kurzer Zeit habe ich etwas Schönes erlebt. Eine liebe Bekannte gab mir zu verstehen, dass sie sich gerne regelmäßig mit mir treffen würde, ergänzte aber: »Du hast doch sicher viel zu viel, da möchte ich nicht auch noch kommen.« Doch genau sie stand auf meiner Liste! Daher war es für mich klar, dass ich mir die Zeit für regelmäßige Treffen sehr gerne nehmen würde.

Manchmal male ich ein Kuchendiagramm: Der Kreis ist meine ganze Energie und Zeit, und alle meine Lebensbereiche erhalten ein Stück. Die Frage, die ich dann stelle, lautet: »Wie viel Zeit und Kraft soll in jedes Kuchenstück fließen?« Mit Gott die Zeit zu planen hat viele Vorteile. Der erste, offensichtliche: Ich weiß, wo ich Zeit und Kraft investieren soll. Wenn ich einen inneren Fahrplan habe, kann ich das mit gutem Gewissen und aus ganzem Herzen tun. Ich kann aus vollem Herzen Ja und, mindestens ebenso wichtig, auch Nein sagen.

Wie das ohne inneren Fahrplan geht, erlebte ich mit einer lieben Person, die ich um einen größeren Gefallen gebeten hatte. Sie sagte zu, schränkte ihre Zusage aber ein mit der Bemerkung: »Ich hoffe einfach, dass nicht das oder jenes geschieht, sonst wird es nämlich eng.« In mir löste diese Bemerkung Verschiedenes aus: Besorgnis, dass wir mit leeren Händen dastehen, wenn etwas dazwischenkommt. Die bange Frage, wie sich diese Person fühlen wird, wenn es tatsächlich eng wird: Wird sie uns dann mit zusammengebissenen Zähnen helfen? Ich brauchte ein paar Minuten, um diese Gefühle wieder abzuschütteln, was praktisch hieß: Ich erinnerte mich daran, dass nicht die Person, sondern Gott selbst unser Versorger ist.

> Wenn ich einen inneren Fahrplan habe, kann ich die Dinge aus ganzem Herzen tun.

Ich finde es bedeutend einfacher, bei Anfragen Gott zu fragen, ob das jetzt dran ist oder nicht. Ich weiß, wenn er etwas will, macht er es auch möglich! Einmal gab ich einen Kurs und fand einfach keinen Babysitter. Der Kurs war aber schon lange auf meiner Agenda und für mich war es keine Frage, dass er wichtig war. Als sich der Engpass einzustellen drohte, konnte ich zu Jesus sagen: »Jesus, du willst, dass ich diesen Kurs gebe – das weiß ich und darauf vertraue ich. Ich weiß nicht, wie du das Babysitter-Problem lösen wirst, aber dass du eine Lösung bereit hast!« Wenn ich die innere Gewissheit habe, dass Gott etwas will, dass ich es tue, darf ich tiefenentspannt darauf vertrauen, dass er auch Lösungen bereithält. Ich fand nicht immer einen Babysitter, es lief nicht immer alles rund. Aber Gott war da, mit seinem Frieden im Gepäck.

Heilige Indifferenz

Wenn in einem Team oder in einer Arbeitsgruppe wichtige Entscheidungen anstehen, ist es von Bedeutung, mein Herz auf Gott auszurichten und seinen Willen zu suchen. Vor allem dann, wenn ich leite. Ansonsten kann es geschehen, dass ich meine Anliegen durchdrücke und andere so manipuliere. Peter Scazzero erklärt: »Je wichtiger die zu treffende Entscheidung, desto mehr Zeit sollte für die Herzensvorbereitung eingeplant werden. Wir müssen zum Ort der ›Heiligen Indifferenz‹ kommen, also dorthin, wo uns eine Entscheidungsfindung nicht mehr persönlich berührt – es ist uns ›egal‹, was passiert, solange wir in dem laufen, was Gottes Wille für uns ist!«[17]

Wenn wir ehrlichen Herzens davon überzeugt sind, dass die Pläne Gottes besser sind als unsere eigenen, und wenn wir bereit sind, unsere eigenen Wünsche für Gottes Pläne hintanzustellen, dann kommen wir an diesen sehr entspannten Ort der heiligen Indifferenz. An diesem Ost ist uns nur noch der Wille Gottes wichtig. An diesem Ort sind wir ganz frei.

Nicht, dass Gottes Pläne immer unseren Wünschen widersprechen. Es ist auch oft so, dass Gott uns seinen Willen ins Herz »schreibt«, also dass sich unsere Herzenswünsche mit seinen Plänen decken. Aber wenn wir konkrete Wünsche und Vorstellungen für den Gesprächsausgang oder ein Ergebnis haben, müssen wir uns bewusst davon lösen, denn sonst werden sie unser Reden und Handeln entscheidend prägen und andere mit beeinflussen.

In den Teamsitzungen fürs Training des *Hörenden Gebets* in unserer Gemeinde haben wir es uns zur ersten Priorität gemacht, dass wir uns vom Frieden Gottes leiten lassen wollen. Das heißt praktisch, dass wir am Anfang der Sitzung, wenn die Agenda klar ist, Gott im Gebet suchen. Wir sprechen aus, dass wir seinen Willen tun wollen, und bitten ihn, ihn uns zu offenbaren. Wenn Gott spricht und wir das alle hören, breitet sich unweigerlich Frieden aus – obwohl wir anfangs vielleicht andere Vorstellungen gehabt hatten. Wir haben uns entschieden, nichts ohne den Frieden Gottes zu entscheiden.

In unserer Kirchengemeinde ist die erste monatliche Sitzung im Jahr dafür reserviert, den Willen und die Pläne Gottes zu suchen, obwohl immer viel Dringendes auf der Agenda steht. Was wir an diesem Abend hören, schreiben wir auf und rufen es uns das ganze Jahr über immer wieder in Erinnerung.

Aufmerksam wahrnehmen

Heute Vormittag war ich joggen. Ich habe eine kleine, feine Laufrunde von einer halben Stunde, die mich über einen Hügel führt, auf dem ich den ganzen Stadtteil, in dem wir wohnen, überblicken kann. Nach vielen regnerischen Wintertagen scheint seit gestern die Sonne. Sie auf meinem Gesicht zu spüren, fühlte sich herrlich an. Wunderbarerweise war auf dem Gras, auf Blättern und vertrockneten Blüten, auf Bäumen und Büschen Raureif zu sehen. Im Wald drang milchig-weißes Sonnenlicht durch die feinen Baumstämme und verwandelte die Luft in ein sanftes Spiel von Licht und Schatten. Schönheit, wohin ich meinen Blick schweifen ließ. Schönheit, die mir Ehrfurcht vor dem Schöpfer-Gott einflößte und mich eine ganze Joggingrunde lang staunen und genießen ließ.

Ich weiß nicht, wie es dir geht, aber ich bin selten »nur« am Wahrnehmen und Empfinden. Wie ein Automatismus, den ich selbst meist nicht bemerke, gerate ich augenblicklich ins Einordnen und Beurteilen. Es gibt wenig, wozu ich mir keine Gedanken mache. Und dann hänge ich meinen Gedanken nach, der Eindruck selbst ist meist vergessen und so unwesentlich geworden.

Die bloße Wahrnehmung bleibt bei dem Eindruck stehen und geht nicht weiter. Franz Jalics schreibt in seinem Buch *Kontemplative Exerzitien*:

Der Mensch ist so geschaffen, dass sich sein Verhalten in drei Schritten vollzieht: Wahrnehmen, Denken, Tun. Am Anfang steht immer die Wahrnehmung. ... Die geistige Wahrnehmung nennt man Bewusstwerden, Innewerden, Gewahrwerden. ... Auf die Wahrnehmung folgt das Denken. Es ist unsere erste Reaktion auf das Wahrgenommene. Wir ordnen das Wahrgenommene ein. Dies geschieht durch das diskursive Denken des Verstandenen: Reflektieren, Vergleichen, Analysieren, Planen und Wählen oder Entscheiden. Der dritte Schritt ist die Ausführung. Wir setzen unsere Einsichten in die Tat um. Wir werden aktiv und vollziehen eine Handlung. ...

In unserer modernen und hektischen Welt kommt dieser Vorgang mehr und mehr aus dem Gleichgewicht. Der zweite und der dritte Schritt werden überbetont und drängen die Wahrnehmung spürbar zurück. Kaum nehmen wir etwas wahr, fallen wir sofort ins Denken, Überlegen, Erwägen, Beurteilen und oft ins Grübeln. Das Ende dieser Überlegungen ist meistens, dass wir mit vielem nicht einverstanden sind und alles verändern wollen. Damit taucht in uns der »große Macher« auf, der in hektische Überaktivität fällt. Die Wahrnehmung kommt zu kurz. Doch es ist die Wahrnehmung, die letztlich zu Gott führt. Kontemplation ist Schauen. Im ewigen Leben werden wir nicht über Gott nachdenken, sondern Gott schauen.[18]

Im ewigen Leben werden wir Gott schauen – was für eine Verheißung!

Ich spüre, dass das Wahrnehmen mich herausfordert. Es ist einfacher, Gedanken zu sortieren und Handlungen abzuleiten. Machen und Tun sind mir vertraut. Beides gibt mir Kontrolle und

Übersicht. Das Denken und das Beurteilen sind so eingeübt, dass die Wahrnehmung ein kleines Privat-Training für mich ist. Im Wahrnehmen bin ich die Empfangende, die Passive. Mir geschieht. Ich nehme auf, was ist. Ich lasse mich beschenken, ohne etwas zurückzugeben. Meine Dankbarkeit packe ich nicht in Worte, sondern in das Sein und Genießen allein. Das Einzige, was eine kleine Aktivität von mir erfordert, ist, die Gedanken, die immer wieder kommen wollen, wieder loszulassen. Aber auch dem lasse ich nicht viel Raum.

Beten, von Gottes Augen geleitet

Wahrzunehmen bedeutet, sich für die Stimme Gottes bereit zu machen. Die Verheißung, dass wir, seine Schafe, seine Stimme hören, bedeutet nicht, dass er uns heftig auf die Schulter klopft und Hallo ruft. Die Stimme des Hirten ist sanft und leise, manchmal nahezu unhörbar. Ja, ich empfinde sogar, dass Gottes Stimme immer zarter wird, je länger ich mit ihm unterwegs bin. Mehr und mehr werde ich durch seine Augen geleitet (Ps 32,8). Wenn ich durch Augen geleitet werde, richte ich meinen Blick auf Gott. Ich schaue ihn an, damit er mit mir kommunizieren kann. Ich halte Blickkontakt, um sicherzugehen, dass ich seine Weisungen überhaupt mitkriege.

Beim Wahrnehmen bin ich die Empfangende. Ich lasse mich beschenken, ohne etwas zurückzugeben.

Das Wahrnehmen macht dasselbe mit unserem Herzen. Es stellt meine inneren Ohren auf die Frequenz Gottes ein. Obwohl ich nicht laut bete, rede, mit Worten anbete, ist diese innere Offenheit doch eine tiefe Art von Kommunikation und von Verbundenheit mit ihm. Es handelt sich aus meiner Sicht sogar um eine besonders respektvolle Art, mit Gott zu kommunizieren. Denn ich erachte nicht meine eigenen Worte und Gedanken als wichtig, sondern empfange ausschließlich von Gott. Wir sind es gewohnt, beim Beten Worte zu machen. Bei dieser wahrnehmenden Form von Gebet sprechen wir nicht, wir singen auch kein Lied. Wir sind einfach gegenwärtig, da, präsent. Es erstaunt mich immer wieder, dass das gar nicht so einfach ist, wie es klingt. Vielleicht ist es für dich eine neue Form der Kommunikation mit Gott. Wie viele andere Dinge muss das erst eingeübt werden. Wir dürfen unsere Seele an Neues gewöhnen.

Manchmal erstelle ich in Gedanken Einkaufs- oder Putzlisten. Wenn das der Fall ist, schreibe ich Wichtiges auf, damit ich nachher wieder frei bin wahrzunehmen. Ein Spaziergang in der Natur, im Wald oder auf Wiesen ist für mich eine der schönsten Arten, um bewusst wahrzunehmen. Die Natur hat auf mich eine beruhigende Wirkung, aber nicht so, dass ich müde werde, sondern innerlich wach und aufmerksam. Je weniger Lärm von außen kommt, desto besser. Ich kann aber auch wahrnehmend durch die Straße meines Stadtviertels laufen, in dem ich wohne. Oft habe ich erlebt, dass ich so ganz andere Dinge sehe, als wenn ich dauernd am Denken und Beurteilen bin.

Schenken

Wenn ich durch ein Ladengeschäft gehe und etwas sehe, das meine Aufmerksamkeit erregt, halte ich kurz inne. Manchmal will ich mir einfach etwas Hübsches kaufen, aber es gibt auch dieses innere Klicken, das Anklopfen des Heiligen Geistes. Was löst der Gegenstand in mir aus? An wen erinnert er mich? Manchmal kommt mir eine Person in den Sinn, der ich den Gegenstand schenken kann. Zum Geschenk kann ich einen Gedanken mitgeben. Oder ihn einfach schenken mit den Worten: »Ich musste an dich denken, als ich das sah!« Wer Zeit hat, kann bei Gott nachfragen, wie er die Person durch diesen Gegenstand segnen möchte, und den Segen dann auf eine kleine Karte dazuschreiben.

Manchmal erhalte ich die Rückmeldung, dass das Geschenk genau getroffen hat und im richtigen Moment kam. Manchmal auch nicht. Ich lebe nicht von Rückmeldungen, finde sie aber hilfreich. Sie lehren mich, noch mehr zu unterscheiden, welcher Impuls vom Heiligen Geist kam und welcher aus meiner eigenen Seele. Nicht dass die eigenen Impulse schlecht wären! Es ist einfach nicht dasselbe.

Als meine Freundin Rebekka Geburtstag hatte, fiel mein Blick auf ein Kissen, und mir kam der Gedanke, sie könnte eine kleine Pause gebrauchen. Ich fand ein Kissen, das weder meinem noch ihrem gängigen Farbkonzept entsprach, aber es stach mir so sehr ins Auge, dass ich es für sie kaufte (okay, auch gleich eines für mich). Ich fühlte mich unsicher, vor allem, was die Farbe betraf. Ich habe meine Freundin höchst selten in Senfgelb gesehen. Sie liebt kräftige, leuchtende Töne in Pink, Orange und Rot mit Gold. Trotzdem schenkte ich ihr das Kissen mit dem Wunsch, dass sie sich Momente nehmen kann, in denen sie mit Gott zur Ruhe kommen darf. Später gab sie mir die Rückmeldung, dass die Farbe genau zu dem Zimmer passte, für das das Kissen gedacht war: grau, schwarz, senfgelb. Sie meinte, es passe wie perfekt dafür ausgesucht. Über den Wunsch nach Ruhe und Ausruhen freute sie sich besonders – und ich war froh, dass ich nicht meinen aufkommenden Gedanken Glauben geschenkt hatte, sondern meinem Impuls gefolgt war.

> Es sind die kleinen Dinge, die in meinem Leben die Herrlichkeit Gottes sichtbar machen. Wenn er sich um solche kleinen Dinge sorgt und kümmert, wie viel mehr weiß er um unsere großen Nöte und Lebensumstände.

Einmal brachte mir eine liebe Bekannte ein Buch zurück, das sie sich von mir ausgeliehen hatte. Dazu einen Tee mit der Aufschrift: »Für Dich!« Ich hatte gerade einen sehr anstrengenden Tag hinter mir und fühlte mich entmutigt. Der Tee kam genau im richtigen Moment. Es war, als sage Gott zu mir: »Ich sehe dich.« Kleine, unscheinbare Dinge. Und doch fühle ich mich von Gott umarmt und gesehen.

Zeiten und Phasen erkennen

Wir können Gott auch wahrnehmen, indem wir aufmerksam auf die Zeiten und Phasen achten, in denen wir uns gerade befinden. Wenn ich empfinde, dass ein Zeitenwechsel stattfindet, gebe ich dem kreativ Ausdruck. So reagiere ich auf das, was Gott durch seinen Geist tut.

Einige Zeitenwechsel sind von den Jahreszeiten vorgegeben. Vor Weihnachten dekorieren wir das Haus mit Tannenzweigen, Kerzen und oft viel Gold und Glitzer. Es ist die Zeit der frohen Erwartung auf das Wunder von Weihnachten. Nach Weihnachten, wenn alle Sterne und der Goldstaub wieder verräumt sind, kann eine Leere entstehen. Weihnachten ist vorbei, aber der Frühling ist noch nicht einmal ansatzweise in Sicht. Was ist das für eine Zeit? Ich gebe der Leere Raum, indem ich das Haus schlicht und dezent halte und so der inneren Ruhe, in die ich mich geleitet fühle, Rechnung trage.

Im Frühling liebe ich Pastelltöne und frische Farben, weil das Wachstum der Pflanzen mich daran erinnert, dass nach Zeiten der Ruhe und des Brachliegens immer wieder Neues entsteht und dass in Totgeglaubtem neues Leben wächst. Eine Freundin geht aufmerksam in den Wald, um Naturmaterialien für ihren Adventskranz zu sammeln. Oder sie malt ein großes Bild zusammen mit ihren Kindern. Jeder darf einfügen, was ihm oder ihr wichtig ist.

Manchmal zeigt mir Gott sehr persönliche Zeiträume, in denen er an einem bestimmten Bereich meiner Seele arbeiten, in einem Lebensbereich besonders wirken oder über eine seiner Wesensarten tiefer zu mir sprechen möchte. Wenn ich das wahrnehme, gebe ich dem durch die Gestaltung meiner Umgebung Raum. Zum Beispiel sehe ich ein Bild, das über Gottes Sicherheit zu mir spricht, und hänge es ins Wohnzimmer, damit ich mich immer daran erinnere, dass Gott mein Schutz ist.

Welche Farben passen zu der Zeit, in der ich gerade bin? Was nehme ich wahr, wohin Gott mich mit seinen Augen leitet? Bin ich wachsam für seine stummen Impulse? Ich plädiere nicht dafür, jede Saison neue Kissen zu kaufen. Man kann mit ganz einfachen Mitteln dekorieren und gestalten. Doch es macht mir Freude, dem inneren Zustand kreativ Ausdruck zu verleihen und so dem, was ich von Gott wahrnehme, Raum zu geben.

Welche Farben passen zu der Zeit, in der ich gerade bin?

Beim Schreiben hören

Schon mehrmals habe ich davon erzählt, dass ich in meiner Zeit mit Gott Tagebuch schreibe. Der schriftliche Dialog mit Gott ist so einfach zu machen und er bringt einen so viel weiter, dass ich mich manchmal frage, warum ich das nicht täglich mehrmals mache. Wenig anderes bringt mich so schnell in die innere Ruhe als ein geschriebener Dialog mit Gott. Er ist auch als Einstieg für Menschen ideal, die überhaupt keine Erfahrung mit dem Hören der Stimme Gottes haben. Das haben wir in einem Kurs übers *Hörende Gebet* mit Jugendlichen eindrücklich erlebt.

Für diesen Dialog setze ich mich an meinen Lieblingsplatz rechts auf dem Sofa in unserem Wohnzimmer oder in den Garten.

Ruhe hilft, wie so oft. Dann bitte ich Gott, zu mir zu sprechen. Ich stelle ihm eine Frage und schreibe sie auf. Es empfiehlt sich, nicht gleich mit Fragen einzusteigen, die auf eine Erklärung des Weltgeschehens abzielen, sondern schlicht zu beginnen. Meine Dialoge fangen manchmal so an: »Jesus, wie siehst du mich?« Oder: »Jesus, wie möchtest du mich heute ermutigen?« Manchmal steige ich auch so ein: »Jesus, ich bin traurig.« Egal, was ich sage oder welche Frage ich stelle, ich werde ruhig und höre in mich hinein. Die Sätze oder Worte, die ich höre oder empfinde, nehme ich als Antwort und schreibe sie auf. Dann stelle ich die nächste Frage, höre wieder und so weiter. Das sieht dann so aus:

Ich: »…«
Gott: »…«
Ich: »…«
Gott: »…«

Der schriftliche Dialog mit Gott hat mir schon viele Male neue Sichtweisen geschenkt. Manchmal ist es auch eine Präzisierung von einem eher wirren Gedanken- und Gefühlswust, der in mir ist. In jedem Fall ist es eine ermutigende, klärende und stärkende Erfahrung.

Ich glaube, bei dieser Methode kann Gott die Dinge, die er in unserem Geist zu uns spricht, so deutlich formulieren, dass wir es verstehen. Ich glaube auch, dass Gott es liebt, von uns gefragt zu werden und uns konkrete Antworten geben zu können. Für mich persönlich ist die schriftliche Form manchmal einfacher, wenn ich mich schlecht konzentrieren kann. Das Schreiben von Hand fokussiert mich, wie auch bei der *Lectio Divina*.

Lectio Divina[19]

Auch das ist eine Form des Hörens, in der das Schreiben eine Rolle spielt. Ich stehe am Morgen oft früh auf, um Zeit mit Gott zu verbringen. Aber mir fällt es immer wieder schwer, zur Ruhe zu kommen und einfach vor Gott zu sein. Dann hilft mir der Zugang der *Lectio Divina*.

Lectio Divina ist eine betende Meditation über Bibeltexte und heißt übersetzt »göttliche Lesung«. Ich bitte Gott, zu mir zu reden, und lese dann in der Bibel. Manchmal ist es ein einzelner Vers, der mich anspricht, zum Beispiel der aus den *Herrnhuter Losungen*, manchmal ist es ein kurzer Abschnitt. Dann denke ich darüber nach und schreibe auf, was mir in den Sinn kommt: Synonyme, Assoziationen, Gefühle, Erinnerungen. Über das, was ich aufgeschrieben habe, komme ich ins Gespräch mit Gott. Ich stelle ihm Fragen, zum Beispiel, was er mir heute sagen möchte, und höre hin. Es ist eine Zeit des Fragens und Hinhörens. Alles, was ich empfinde und höre, schreibe ich auf. Dann werde ich still und ruhe in Gottes Gegenwart.

Während des Tages versuche ich, immer wieder zum Gehörten zurückzukommen und mich daran zu erinnern, was Gott gesagt hat. Das geht am besten, wenn ich mir eine sichtbare Erinnerung an den Kühlschrank klebe oder mir mit meiner Erinnerungsfunktion im Handy eine Notiz mache. Für die *Lectio Divina* kann man sich viel oder wenig Zeit nehmen. Oft nehme ich mir pro Schritt drei bis fünf Minuten, für das Hören etwas länger, circa zehn Minuten.

Hörend zu leben bedeutet für mich zwei Dinge: Ich schalte mein Herz auf Empfang und ich erwarte das Reden Gottes. Ich rechne mit ihm, in den kleinen und großen Dingen, die mir begegnen. Ich bin bereit, stillzuhalten, mich im Alltag unterbrechen zu lassen und zu empfangen. Und wenn ich mit Gott durch den Alltag gehe, wird die Kommunikation mit ihm zu etwas Natürlichem, Normalem. Seine Gegenwart ist ein innerer Friede, von dem ich mich leiten lassen darf. Wenn ich diesen Frieden in mir spüre, brauche ich keine dramatischen Bilder, keine hörbare Stimme vom Himmel. Dann weiß ich, er ist da und leitet mich durch seinen Heiligen Geist.

9 Ein Lebensstil des Sprechens

Zurück zu Hesekiel. Hesekiel war sich vermutlich nicht ganz sicher, wie die Sache mit den vertrockneten Knochen ausgehen würde. Aber er war Gott gehorsam, als der ihm befahl, Leben über dem Totengebein auszusprechen. Vielleicht war auch sein Vertrauen in Gott so groß, dass es ihm leichtfiel, zu tun, was Gott ihm sagte. Wir wissen es nicht. Aber wir wissen, dass das Wunder durch das Aussprechen passierte.

Die Kraft der Worte

Die Bibel beginnt als Erstes mit einem Schöpfungswunder, das durch die Kraft von Worten geschah. Durch Worte hat Gott die Welt erschaffen: »Und Gott sprach: Es werde Licht!« (1. Mose 1,3). Siebenmal lesen wir im Schöpfungsbericht, dass Gott sprach. Und alles, was er sagte, ist nur: »Es werde.« Gott spricht und es geschieht. Das Wort Gottes hat Schöpfungskraft. Auch im Neuen Testament erkannten die Menschen, welche Kraft in den Worten von Jesus war: »Sprich ein Wort, so wird mein Knecht gesund« (Lukas 7,7). Ein Wort von Gott und alles verändert sich.

Wir erinnern uns: Weil wir als Ebenbilder dieses Schöpfer-Gottes geschaffen wurden, sind es nicht nur die Worte Gottes, die Kraft haben. Auch was wir Menschen sagen, hat Kraft. Was wir reden, ist richtungsweisend und entscheidet sogar über Leben und Tod, schreibt Jakobus:

Wem es freilich gelingt, nie ein verkehrtes Wort zu sagen, den kann man als vollkommen bezeichnen. Denn wer seine

Zunge im Zaum hält, der kann auch seinen ganzen Körper beherrschen. So legen wir zum Beispiel den Pferden das Zaumzeug ins Maul. Damit beherrschen wir sie und können das ganze Tier lenken. Und selbst bei den Schiffen, die nur von starken Winden vorangetrieben werden können, bestimmt der Steuermann die Richtung mit einem kleinen Ruder. Genauso ist es mit unserer Zunge. So klein sie auch ist, so groß ist ihre Wirkung! Ein kleiner Funke setzt einen ganzen Wald in Brand.
Jakobus 3,2-5; HFA

Jakobus stellt die Wirkung der Zunge auf eine Stufe mit dem Zaumzeug eines Pferdes und mit dem Ruder eines Schiffes. Klein vielleicht, aber so wirkungsvoll, dass sie die Richtung bestimmt, die wir einschlagen. Die Zunge bahnt unseren Weg. So, wie wir sprechen, und das, was wir sagen, bestimmt die Richtung, in die wir uns bewegen.

Die Zunge bahnt unseren Weg, sie bestimmt unsere Richtung.

Jakobus zeigt hier auch die Gefahr von Worten auf. Sie können zerstörerisch sein. Was wir sagen, hat Auswirkungen. Aber wer es schafft, seine Worte mit Bedacht zu wählen, selbst im Zorn, kann alles schaffen. Er oder sie hat das Schwierigste gemeistert: die Zunge zu beherrschen.

Die Website *ze.tt* hat einen Artikel veröffentlicht, in dem elterliche Aussagen aus sozialen Medien unter dem Hashtag *#SagNieEinemKind* gesammelt wurden.[20] Darunter finden sich Aussagen wie: »Du sollst dich schämen!« oder: »Mit dir kann man sich nirgendwo blicken lassen!« Zu einem Kind, das gemobbt, bedroht und misshandelt wird: »Na ja, irgendwas wirst du ja auch gemacht haben. Zum Streiten gehören schließlich immer zwei.« Oder: »Kannst du dich nicht mal ein bisschen hübsch machen wie deine Schwester? Achte doch mal auf dein Äußeres.« Oder: »Aus dir wird nie was!« und vieles andere mehr. Solche Aussagen werden bezeichnet als »Komplexe, die ich bis heute nicht losgeworden bin« und »Honig, der an der Seele kleben bleibt«.

Wie reden wir? Gebrauchen wir Sätze wie »Ich habe ja schon immer gewusst …«, »Das wird nie was!« oder »Dafür gibt es keine Hoffnung«?

> Wenn wir mit unseren Worten bauen oder niederreißen und die Richtung bestimmen, in die wir gehen, dann lohnt es sich, genau hinzuhören, was wir sagen. Denn unsere Worte sind nicht nur in sich selbst kraftvoll – sie sind der Ausdruck unserer Gedanken. In unseren Worten kommt heraus, wovon wir zutiefst überzeugt sind.

Wenn ich unter die Lupe nehme, wie ich denke und spreche, erschrecke ich manches Mal. Nur schon, wenn ich zu meinem Kind sage: »Nun hast du schon wieder deinen Saft verschüttet? Du bist einfach ungeschickt!« Dann merke ich, dass ich dieses Kind wirklich als ungeschickt wahrnehme. Dass ich wirklich glaube, dass das Kind niemals geschickt sein wird. Diese Haltung zementiere ich mit meinen Worten, denn ich löse bei meinem Kind das Gefühl aus: »Ich bin wirklich ungeschickt und werde das wohl auch mein Leben lang bleiben.«

Wie sollen wir denn sprechen? Die Wahrheit ist, dass Gott alles verändern kann. Dass ihm nichts unmöglich ist. Die Wahrheit ist, dass Gott mein Kind nie allein lässt, und die Wahrheit ist, dass Gott selbst die Hilfe und Unterstützung für mein Kind ist. Wenn ich mir das vergegenwärtige, komme ich zu einem ganz anderen Schluss als: »Du bist ungeschickt und wirst es nie lernen.« Ich sage dann vielleicht: »Oh, du hast etwas verschüttet? Komm, hol schnell den Lappen!«

Kleinigkeiten im Alltag zeigen mir, wo ich noch nicht auf die Möglichkeiten Gottes vertraue.

Das ist jetzt ein kleines, simples Beispiel. Das Faszinierende an diesen Kleinigkeiten finde ich, dass sie mir zeigen, worauf ich vertraue. Meistens nämlich nicht auf die Möglichkeiten Gottes, sondern auf die Fähigkeiten von Menschen! Es ist ein spannender Weg, wenn wir anfangen zu hinterfragen, was wir sprechen und denken. Es gibt Gott die Möglichkeit, uns seine Sicht der Dinge zu zeigen. Diese Sicht überrascht und überwältigt mich immer wieder.

Aus welcher Realität sprechen wir?

Ein eindrückliches Beispiel dafür, wie prägend Worte sein können, finden wir im 4. Buch Mose in der Geschichte der Kundschafter, die das verheißene Land erkunden sollten. Sie kamen von ihrer Erkundungstour zurück und erstatteten Bericht:

> (Die Kundschafter) erzählten den Israeliten die schlimmsten Geschichten über ihre Reise: »Wir haben das Land durchzogen, wir wissen, wie es dort aussieht. Glaubt uns, dort herrschen Mord und Totschlag! Alle Menschen, die wir gesehen haben, sind groß und kräftig. … In deren Augen waren wir klein wie Heuschrecken, und so haben wir uns auch gefühlt!«
> Die Israeliten schrien entsetzt auf und weinten die ganze Nacht. … »Wären wir doch in Ägypten oder hier in der Wüste

gestorben!«, riefen sie. »Warum bringt uns der Herr in solch ein Land? ... Lieber kehren wir nach Ägypten zurück!« ... Da warfen sich Mose und Aaron vor den Augen des versammelten Volkes zu Boden. Josua, der Sohn von Nun, und Kaleb ... zerrissen entsetzt ihre Gewänder und riefen den Israeliten zu: »Das Land, das wir erkundet haben, ist wirklich sehr gut! Dort gibt es alles im Überfluss! ... Ihr müsst keine Angst vor den Leuten dort haben. Wir werden sie leicht überwältigen, denn sie haben keinen Schutz mehr. Ihr braucht euch nicht vor ihnen zu fürchten, der HERR ist auf unserer Seite!«
4. Mose 13,32–14,1-9; HFA

Josua und Kaleb waren die einzigen der Kundschafter mit einer positiven Botschaft auf den Lippen. Sie erzählten den Israeliten, dass das Land, das Gott ihnen verheißen hatte, sehr gut war. Die beiden hatten zwar das Gleiche wie alle anderen Kundschafter gesehen, aber sie kamen zu ganz anderen Schlüssen. Sie sahen nicht nur die Feinde, sondern gleichzeitig die Möglichkeiten und die Macht Gottes. Sie sahen mit ihren geistlichen Augen, dass sie nicht allein kämpfen mussten, sondern mit Gott an ihrer Seite. Das ist eine komplett andere Ausgangslage!

Kundschafter Gottes bereiten den Weg für die Möglichkeiten Gottes.

Leider kamen ihre Stimmen gegen die der anderen Kundschafter nicht an. Diese säten mit ihren Worten Angst, Verzweiflung und Hoffnungslosigkeit, ja, sie brachten gestandene Männer zum Weinen. Josua und Kaleb hingegen bereiteten den Weg für die Möglichkeiten Gottes. Die Entscheidung, den Weg der anderen Kundschafter einzuschlagen, trafen die Israeliten.

Als die vierzig Jahre um waren und das Volk Israel das verheißene Land einnehmen durfte, mussten sie es zuerst erobern,

Volk für Volk. Jedes Mal, bevor sie in den Kampf zogen, hatten die Priester die Anweisung, vor das Volk zu treten und ihnen zu sagen:

> *Hört, ihr Israeliten! Ihr werdet heute gegen eure Feinde kämpfen. Habt keine Angst! Fürchtet euch nicht! Weicht nicht vor ihnen zurück und lasst euch nicht einschüchtern! Der Herr, euer Gott, zieht mit euch in die Schlacht! Er kämpft auf eurer Seite und gibt euch den Sieg über eure Feinde!*
> 5. Mose 20,3-4; HFA

Die Priester hatten die Aufgabe, das Volk, das im Sichtbaren lebte, an die unsichtbare, machtvolle Realität Gottes zu erinnern. Erst danach wandten sich die Offiziere an die Truppen. Die Offiziere schickten alle nach Hause, die auch die kleinste Unsicherheit hatten, ob sie wirklich kämpfen wollten. Eine kleine, schlagkräftige Truppe, die sich ihrer Sache und vor allem des Beistands ihres Gottes sicher war, nahm das Land ein.

Die Priester positionierten sich in Gottes Perspektive und sprachen aus dieser Sicht heraus. Sie erinnerten an Gottes Kraft, an seine Stärke: »Tod und Leben stehen in der Zunge Gewalt; wer sie liebt, wird von ihrer Frucht essen« (Sprüche 18,21).

Worte können Leben schaffen oder töten. Worte prägen uns, sie gehen uns nach, unterjochen uns und machen uns klein. Worte können Hoffnungen zerstören, Träume zerbersten lassen, Leben und Wachstum im Keim ersticken.

Die frohe Botschaft ist: Unsere Worte können auch zum Leben erwecken. Sie können Dinge wachrufen, die in uns oder anderen schlummern, die verborgen und versteckt sind. Sie können zum Wachsen und zum Blühen bringen! Sie können Hoffnung wecken, Träume schenken, Zuversicht und Vertrauen vertiefen. Vor allem die Worte, die der Geist Gottes schenkt, haben diese Lebenskraft in sich.

Als ich vor vielen Jahren das erste Mal prophetisches Gebet in Anspruch nahm, wurden mir Dinge gesagt, die mir heute noch kostbar sind. Mir wurde zum Beispiel gesagt, dass ich mich möglicherweise manchmal einsam fühlen würde, weil ich eine bestimmte Gabe hätte, die nicht alle haben. Diese Worte waren mir manches Mal und über Jahre hinweg ein großer Trost. Vor allem aber bewirkten sie, dass ich nicht ständig an mir selbst zweifelte, sondern vieles einordnen konnte. Solche Worte habe ich immer wieder hervorgeholt und sie Gott hingehalten. Ich wurde durch sie durchgetragen und ermutigt.

Wir sind ein königliches Priestertum, ein heiliges Volk unseres Gottes (1. Petrus 2,9). Wir dürfen heute diese Priester sein, mit der ehrenvollen Aufgabe, unsere Mitmenschen an die Wirklichkeiten Gottes zu erinnern: an das Unsichtbare, das nicht vor Augen ist, sondern nur von unserem Geist erfasst werden kann. Wir sind Botschafter des Reiches Gottes. Und das können wir vor allem dann sein, wenn wir dieses Reich kennen. Wenn wir mit unserer himmlischen Heimat vertraut sind und unsere neue Identität, unsere neue Schöpfung, kennen. Um uns herum entsteht Leben, weil dieses Leben in uns ist. Und es sind unsere Worte, durch die Gottes Wirklichkeit am leichtesten aus uns hervorkommen kann.

Durch unsere Worte kann Gottes Wirklichkeit am leichtesten aus uns hervorkommen.

Die Wirklichkeit Gottes aussprechen

Segnen und ermutigen

Als unsere Kinder anfingen, regelmäßig in die Spielgruppe, in den Kindergarten oder in die Schule zu gehen, habe ich sie beim

Hinausgehen gesegnet und sie der Liebe, der Vaterschaft und des Zuspruchs Gottes versichert. Mit einem Segen sprechen wir anderen Anteil an der göttlichen Gnade und Kraft zu. Das kann ein einfaches »Gott segne dich!« oder »Sei gesegnet!« sein. Wann immer ich Zeit finde, höre ich kurz hin, womit ich sie konkret segnen soll. Je nachdem segne ich sie dann mit Kraft, mit Freude, mit Weisheit, mit Lachen, mit Freundschaften, mit Frieden … Sie bitten mich mittlerweile oft um einen Segen und manchmal segnen sie mich auch.

Wenn ich Nachrichten verfasse, versuche ich hinzuhören, was die Person gerade für diesen Tag braucht, und wünsche es ihr in einer kurzen Text- oder Sprachnachricht. Das Gleiche gilt auch für Geburtstagskarten. Was wünsche ich der Person fürs neue Lebensjahr? Womit möchte Gott sie besonders segnen? Was will er tun in diesem neuen Lebensjahr? Gibt es einen Bibelvers, der mir in den Sinn kommt?

Auch ohne einen konkreten Eindruck oder Bibelvers können wir in unserem Umfeld Ermutigerinnen und Ermutiger sein, so wie wir auch selbst immer wieder von anderen ermutigt werden (wenn wir das zulassen können!). Das heißt nicht, dass wir alles durchwinken und gutheißen. Sondern dass wir die grundsätzliche Sehnsucht danach haben, die Menschen um uns herum aufzubauen, zu ermutigen und zu stärken. Das kann ein Kompliment sein oder eine Bemerkung zum Strahlen in den Augen oder einfach die ernst gemeinte Frage, wie es jemandem geht.

Menschen zu ermutigen heißt zuerst, sie wahrzunehmen und zu sehen.

In unserer Trainingsgruppe *Hörendes Gebet* haben wir eine Übung, in der wir die Augen schließen und dann Fragen zu Aussehen und Kleidung der Person gegenüber beantworten müssen. Wir haben die Erfahrung gemacht, dass die Menschen oft einander zwar sehen, aber doch vieles nicht wahrnehmen. Welche Farbe haben die Augen deines Gegenübers? Welche Schuhe trägt die Person? Welche Frisur hat deine Tochter? Trägt deine Frau ihre Lieblingsbluse oder ein T-Shirt?

Menschen zu ermutigen heißt zuerst, sie wahrzunehmen und zu sehen. Wir richten unsere Aufmerksamkeit von uns selbst auf unser Gegenüber, hören und schauen einfach bewusst hin. Bei der prophetischen Gabe geht es ja nicht um Information, sondern sie ist ein Ausdruck der großen Liebe Gottes zu uns. Unsere Liebe zu den Menschen um uns herum ist die Bedingung, der Nährboden für jede Ermutigung, ob sie aus unserem eigenen Herzen kommt oder von Gott.

Beten in Autorität

In einer sehr schwierigen familiären Situation merkte ich, dass ich Mühe hatte zu beten. Meine Gebete waren ein kaum hörbares, verzweifeltes »Bitte!« und sie reichten gefühlt nur bis zur Zimmerdecke, keinen Zentimeter weiter. Nach vielen Tagen in diesem hoffnungslosen Zustand überkam mich die Entschlossenheit, Gottes Sicht in unsere Situation hineinzuproklamieren. Es war ein Moment, den man am besten mit einem innerlichen »Jetzt ist es genug!« beschreiben kann. Was ich mit Willenskraft nicht herbeiführen konnte, geschah plötzlich: Entschlossenheit und Kraft erfüllten mich, als ich am Beten war.

Ich begann, Gott für seine Allmacht, seine Güte und seine Kraft zu loben und zu preisen. Ich sprach aus, dass er allein Herr und König über dieser Situation war und dass ihm nichts unmöglich war. Wie ich die Worte auszusprechen begann, fing eine übernatürliche Art von Glauben an, in mir zu wachsen. Jetzt konnte ich im Geist sehen, wie Gott die Situation veränderte. Im Gebet sprach ich aus, dass die Person, um die es ging, von Lügen befreit sein sollte.

Ich segnete sie mit Kraft und Stärke und sprach dann aus, dass ich sie aus dem Land der Hoffnungslosigkeit ins Land der Hoffnung und des Lebens stellen würde. Weil ich das alles im Geist vor mir sah, war es sehr real. Ich stellte die Person unter den Schutz Gottes und befahl den Lügen und der Depression zu weichen.

Während ich so betete, fühlte sich das nicht besonders an – ich sprach im Gebet aus, was ich im Inneren sah und hörte. Was es in der Person konkret und in diesem Moment bewirkte, wusste ich auch nicht. Aber ich hatte einen großen inneren Frieden, der auf mir blieb und auch nicht wich, als ich mit meinen natürlichen Augen keine Veränderung sah. Ich sah die ganze Situation jetzt im Geist und wusste, dass es Gott gewesen war, der mir die Worte gegeben hatte. Und er ist es auch, der wirkt. Er allein. Und trotz allem hat er sich entschieden, dass er mit unseren Worten arbeiten will. Er will uns in seiner Mannschaft haben! Und aus diesem Grund gibt er uns Worte und Gebete für Menschen und für Situationen, die er wenden will.

Mit dem Aussprechen fing eine übernatürliche Art von Glauben an, in mir zu wachsen.

Ermutigende Beurteilungen – geht das?

Wie reden wir? Kommen andere Menschen zu uns, wenn sie Rat brauchen? Bauen wir mit unseren Worten auf oder finden wir auch das kleinste Haar in der Suppe? Gefallen wir uns als kritische, hinterfragende Personen?

Ich plädiere hier nicht für eine Kultur, in der alles gelobt und angespornt werden soll. Wir dürfen unterscheiden und wir müssen und sollen unser Denken nicht ausschalten, wenn wir eine Sache beurteilen. Es kann auch ein Selbstschutz sein, unkritisch zu sein und anderen nach dem Mund zu reden. Die Frage ist: Wie komme ich zu meinen Beurteilungen? Spreche ich aus meiner eigenen Sicht heraus und sage ich, was ich schon immer und schon lange einmal sagen wollte, sobald jemand mich endlich um meine Meinung fragt? Oder frage ich zurück, stelle mein Herz auf Empfang und mache mich eins mit der Sicht Gottes?

Egal zu welchen Beurteilungen und Ansichten ich komme – ich werde sie immer so formulieren, dass sich die andere Person ermutigt fühlt. Meine Kommentare werden immer aufbauend und hilfreich sein, weil unser Gott uns immer aufbauen und helfen will. Ich werde keine kleinen Gehässigkeiten gegen andere Menschen einbauen, weil ich meinen Ärger nie angeschaut habe und sich hier und jetzt eine großartige Gelegenheit bietet, ihm Luft zu machen. Tratsch und Lästereien sind mir fremd, denn mit meinen Worten will ich aufbauen und festigen und Wege bahnen.

Ich sage nicht, dass das einfach ist. Ich selbst war gerne bereit, über andere Menschen zu lästern, weil ich häufig unterdrückten Ärger mit mir herumtrug. Irgendwann habe ich aber die Entscheidung getroffen, dass ich das in meinem Leben nicht mehr dulden will. Darum, einen Schmerz zu teilen oder eine Sorge, geht es nicht. Das muss Raum haben, aber dazu muss niemand abgewertet werden.

> *Aus dem distanzierten Beobachtungsposten kann eine Ermutigungsstation werden, indem wir andere wertschätzen.*

Manchmal befinden wir uns auch auf dem zuvor schon angesprochenen Beobachtungsposten: Wir nehmen zwar nicht direkt Anteil an einer Sache, aber wir beurteilen und bewerten ständig, was andere tun und sagen. Das müssen wir nicht! Machen wir doch aus dem Beobachtungsposten lieber eine Ermutigungsstation, indem wir die Bemühungen anderer wertschätzen und mit unseren Gebeten begleiten. Und vergessen wir nicht, uns auch immer wieder von anderen ermutigen zu lassen. Wir sind nicht die

»Geber«, das ist nur Gott. Wir brauchen einander, um eine Kultur von Ermutigung und Klarheit zu leben.

Dein Reich komme!

Mit unseren Worten bringen wir Gottes Herrlichkeit in unsere Umstände. Wenn wir die höhere Realität – Gottes Größe und Allmacht, seine Majestät und Herrschaft – in unser Leben und in unsere Umstände hineinsprechen, öffnen wir die Tür für Gottes Gnade. In Jesaja 55,11 sagt Gott: »So soll das Wort, das aus meinem Munde geht, auch sein: Es wird nicht wieder leer zu mir zurückkommen, sondern wird tun, was mir gefällt, und ihm wird gelingen, wozu ich es sende.«

Wir Menschen sind Ebenbilder Gottes und auch unsere Worte haben Kraft. Wir dürfen davon ausgehen, dass unsere Worte, wenn sie Gottes Worte sind, die er in uns hineingelegt hat – Worte, die seinen Willen widerspiegeln –, Wirkung haben. So haben wir die Gelegenheit, Gottes Herrlichkeit, Leben und Hoffnung in Situationen zu sprechen und über Menschen auszusprechen. Wir sind Botschafterinnen und Botschafter einer übergeordneten Realität, nämlich des Reiches Gottes, und wir sprechen die Sprache dieses himmlischen Reiches.

Vielleicht fällt es uns schwer, die Möglichkeiten Gottes zu sehen, und wir fühlen uns wie Heuchler, wenn wir Leben und Hoffnung in Situationen sprechen, die wir im tiefsten Innern als hoffnungslos ansehen. Wenn wir unseren Mund trotzdem öffnen und in Gottes Kraft anfangen, in Situationen zu sprechen, können wir damit auch unser Denken prägen. Das Denken darf lernen, dem Sprechen hinterherzukommen.

Die Diskrepanz existiert: Das Reich Gottes ist zwar da, nah gekommen – greifbar und mitten unter uns (Matthäus 12,28). Und doch lehrt Jesus seine Jünger, Gott darum zu bitten, dass sein Reich kommt – dein Reich komme! Ja, dein Wille geschehe, wie im Himmel so auf Erden! Dieses Gebet gibt uns eine Vorstellung davon, was das Reich Gottes ist: Es ist der Bereich, in dem Gottes Wille geschieht, wie im Himmel so auf Erden. Es ist das Reich, in dem Gottes Ordnungen herrschen und wo Gott König ist. Wenn wir Gottes Liebe sehen, wo wir selbst keine aufbringen können; wenn Herzen geheilt werden; wenn wir im Frieden bleiben können, auch wenn es um uns herum stürmt; wenn Gottes Kraft wirkt, im Kleinen und im Großen – dann ist Gottes Reich angebrochen.

Und wo wir es noch nicht sehen und erleben, sind wir eingeladen, Gott darum zu bitten, sein Reich auszubreiten. Mit unseren Worten bauen wir das Reich Gottes mit. Wir sprechen es in unser Leben, in unsere Umstände und in die Welt hinein.

Als Prophet Gottes hatte Hesekiel das Privileg, an der Seite des Vaters sein zu dürfen. Weil er Gott nah war und ihm vertraute, sprach er in Glauben und Gehorsam aus, wozu Gott ihn aufforderte. Wir sind Gottes Töchter und Söhne, seine geliebten Kinder, deren wahre Heimat der Himmel ist. Und die im Reich Gottes – in dem Reich, in dem unser Vater als König regiert – leben und mitgestalten dürfen. Wir sind eingeladen, Teil dieses Reiches Gottes zu sein und es dort zu verbreiten, wo wir sind. Vor allem auch durch unsere Worte.

10 Sehen, wie Gott sieht

> Ein Mensch sieht, was vor Augen ist; der Herr aber sieht das Herz an.
> *1. Samuel 16,7*

Samuel, Prophet im Alten Testament, hatte die Aufgabe, den zukünftigen König von Israel zu salben. Zu diesem Zweck sandte Gott ihn zu Isai, der sieben Söhne hatte. Als er die jungen Männer anschaute, hatte er in seinem Herzen schon ein Urteil gebildet. Er sah Eliab, den ältesten Sohn Isais, und dachte: »Wow – so sieht ein König aus!« Gott musste ihn daran erinnern, dass nicht das Aussehen und die körperliche Größe zählten, sondern das Herz: »Ein Mensch sieht, was vor Augen ist; der Herr aber sieht das Herz an« (1. Samuel 16,7).

Gott sieht das Herz an. Für ihn zählt der Kern des Menschen, sein Inneres, sein Herz. Eliab war nicht der erwählte König und das änderten weder seine Schönheit noch seine Größe. Auch Ansehen bei den Menschen ist für Gott keine Richtlinie. David, der Auserwählte Gottes (Psalm 89,4), wurde von seinem Vater nicht einmal gerufen, als Samuel den König salben wollte, als so unbedeutend empfand ihn seine eigene Familie.

Gott scheint ganz eigene Augen zu haben, wenn es um uns Menschen geht. Die ganze Grundlage unseres Seins ist sein liebevoller Blick auf uns: Wir sind nach Gottes Ebenbild erschaffen, ihm ähnlich. Gemeinschaft mit Gott, Würde und Herrlichkeit – das ist unsere grundlegende Bestimmung und Berufung. Da haben wir noch keinen Finger gerührt, nichts getan, womit wir diese Ehre verdient hätten. Am Anfang unseres Seins steht der liebevolle Blick Gottes.

David hatte er dazu bestimmt, König von Israel zu werden. Und obwohl David ein Mensch mit Fehlern und Schwächen war, vergaß Gott diese Bestimmung nie. Sein Plan und seine Berufung für David blieben bestehen. Gott vertraute David sein Volk an, obwohl es Dutzende beeindruckendere und erfolgreichere Kandidaten für diesen Posten gegeben hätte und obwohl David kein Unschuldslamm war. Er war ein Betrüger und Mörder und ein mäßiger Vater obendrein. Gott sah das. Wir lesen bei seiner Affäre mit Batseba, dass Gott diese Dinge sehr ernst nahm. Er ließ David nicht einfach davonkommen, sondern sorgte dafür, dass er die Konsequenzen seiner falschen Entscheidungen in voller Härte trug. Und trotzdem – und da unterscheidet sich Gottes Sehen wahrscheinlich am stärksten von unserem –: David blieb der Mann nach Gottes Herzen, sein Freund, nach dem er sein Haus benannte. Gott sah über das Sichtbare hinaus in das Herz von David und er verlor nie den Blick für seine Berufung und Bestimmung.

> *Wir sind, was Gott in uns sieht: Am Anfang unseres Seins steht sein liebevoller Blick.*

Die andere Perspektive

Bei uns Menschen ist das oft anders. Wir sehen nicht von Natur aus wie Gott. Wir sehen nicht automatisch die Ebenbildlichkeit Gottes in den Menschen. Wir sehen äußere Schönheit, Mut und Begabungen, Stärke und Intelligenz. Und wir nehmen Ängste wahr und sehen, wenn ein Mensch verletzt ist. Was wir sehen und wahrnehmen, werten wir. Meistens basieren unsere Beurteilungen auf gesellschaftlichen Kriterien oder auf unseren Erfahrungen und Vorstellungen.

Wir Menschen lassen uns oft davon leiten, was wir mit unseren Augen sehen, und daran ist auch nichts falsch. Aber: Es gibt mehr! Und dieses Mehr will Gott uns zeigen. Er hält es nicht vor uns verborgen und genießt sein geheimes Wissen allein, sondern er will uns seine Sicht immerzu schenken. Seine Sicht für andere Menschen, für uns selbst, für Umstände und dafür, was in der Welt geschieht.

Gott möchte uns das Mehr zeigen, das es bei Menschen zu sehen gibt.

Zu sehen, wie Gott sieht, ist anders. Es heißt zuerst, bereit zu sein, unsere eigene Wahrnehmung beiseitezuschieben und Gott zu erlauben, uns seine Sicht zu zeigen. Das klingt erstrebenswert – und das ist es auch. Nur: Wenn wir beim Anstehen an der Supermarktkasse gerade frech überholt worden sind, haben wir wahrscheinlich keine Lust auf Gottes Sicht. Wir haben wahrscheinlich auch wenig Lust auf sie, wenn wir kritisiert wurden, verletzt oder hintergangen. Wenn wir aber bereit sind, uns Gottes Sicht zeigen zu lassen, dürfen wir ihn einfach darum bitten. Für so einen Perspektivwechsel muss Gott sich uns offenbaren. Und das schenkt uns Gott, wie wir ja wissen, sehr gerne. So können wir dann das Sehen mit den Augen Gottes einüben.

Jesus sehen

Wenn eines unserer Kinder eine schmerzhafte Situation erlebt, beten wir. Manchmal bitte ich Jesus, sich uns zu zeigen. Wir stellen uns dann die schmerzauslösende Situation vor und suchen Jesus darin. Oft entdecken wir ihn an unserer Seite, er umarmt oder tröstet uns. Wir machen jedes Mal die Erfahrung, dass Gott, der uns Vorstellungskraft geschenkt hat, diese gerne nutzt, um sich in tröstender, heilsamer Weise zu zeigen.

Einmal erlebte eines unserer Kinder eine Situation, in der es von anderen Kindern ausgelacht wurde und sich sehr einsam fühlte. Als es sich die Situation noch mal vorstellte und Jesus fragte, wo er in der Szene gewesen sei, entdeckte es ihn an seiner Seite. In dieser Position wurde Jesus auch mit ausgelacht. Gleichzeitig strahlte er Trost und Geborgenheit aus. Von Jesus in einer schmerzhaften Situation nicht nur gesehen zu werden, sondern zu spüren, dass er mittendrin gewesen ist, mitging und mitlitt, war für unser Kind ein so großer Trost, dass es den anderen mit Leichtigkeit vergeben konnte.

Bibelverse und geistliche Räume visualisieren

Auch wenn man nicht gerne zeichnet und malt – die meisten Erwachsenen denken, dass sie es nicht gut können, und ich gehöre auch dazu –, hat doch ein Bild eine große Aussagekraft. Es ist ein Unterschied, ob ich mir nur sage: »Der Herr ist mein Hirte, mir wird nichts mangeln. Er weidet mich auf einer grünen Aue und führet mich zum frischen Wasser« (Psalm 23,1-2). Oder ob ich das male und das saftige Grün der Wiesen sehe, den liebevollen Blick des Hirten, die Freiheit und Freude der Schafe, die sich sicher, geborgen und geliebt fühlen.

Worte der Bibel sind ja nicht bloß Worte, sondern sie stellen himmlische Wirklichkeiten dar. Ja, mehr noch: Die Worte Gottes sind wie Räume, in denen wir uns bewegen dürfen. Hier müssen wir vielleicht zuerst einmal die Vorstellung ablegen, dass das Wort Gottes »ein paar Bibelverse« ist. Es ist viel mehr als das. Es ist Realität. Jesus sprach immer in Bildern und Gleichnissen, weil er wollte, dass diese Realität bei uns Menschen ankommt, dass wir in ihr leben können. Er gab seinen Jüngern zum Abschied mit: »Wenn ihr bleiben werdet an meinem Wort, so seid ihr wahrhaftig meine Jünger« (Johannes 8,31). Das Bleiben heißt auf Hebräisch *meno*, was bedeutet: »in etwas bleiben, in etwas drin sein, sich aufhalten«. Das ist durchaus örtlich gemeint: Wir sollen an diesem Ort bleiben, wo Gottes Wort geschieht. Wir sollen »nicht weggehen«.

Diese Wirklichkeiten oder Räume der geistlichen Realität kann man mit einem Bild sichtbarer machen. Bibelverse zu visualisieren eignet sich auch sehr gut mit Kindern. Einmal holte ich ein riesiges Blatt Papier und viele Stifte. Wir malten alle miteinander den Hirten, die Wiese und die Blumen, frisches Wasser und viele verschiedene Schafe. Eines war ganz nah am Hirten, ein anderes trank, andere spielten, einige sprangen herum. Wir tauschten uns dann darüber aus, welches Schaf wir sein möchten und warum. Das Bild klebten wir an die Küchentür, damit es uns eine Zeit lang an den Raum von Treue und Versorgung des Hirten erinnern konnte.

Beim Malen oder Zeichnen kommen wir auf eine andere Weise an unser eigenes Herz heran, als wenn wir nur die Worte auf uns wirken lassen. Sich Gottes Wort bildlich vorzustellen schärft und formt unsere Vorstellungskraft. Gott hat uns mit dieser Vorstellungskraft etwas Wunderbares geschenkt. Oft nutzen wir sie dazu, um uns besorgniserregende Szenarien auszumalen. Daher ist es ein gutes Gegengewicht, wenn wir uns darin trainieren, auch Gottes Wahrheiten bildlich zu veranschaulichen.

Medien mit Blick auf Gott

Den Perspektivwechsel können wir auch erleben, wenn wir Nachrichten sehen oder in der Zeitung lesen. Dann können wir bei einer Meldung kurz innehalten: Was für ein Bild wurde gezeigt oder was für ein inneres Bild habe ich von dieser Situation? Wir lassen das Bild kurz auf uns wirken und fragen Gott, was er tun will: »Wo willst du Veränderung schenken? Was sind deine Pläne mit dieser

Person oder mit diesem Unternehmen, mit diesem Land?« Wir bleiben beim inneren Bild, bis wir innerlich sehen, was Gott tut. Dann beten wir dafür, dass Gottes Wille geschieht.

Menschen erkennen

Samuel musste lernen, die Menschen durch Gottes Augen zu sehen. Wir können das genauso üben. Wenn wir beispielsweise ein Team leiten, können wir Gott fragen, was er sich bei jedem Einzelnen gedacht hat. Bei jeder Person fragen wir Gott nach den Gaben und Fähigkeiten, den Leidenschaften und danach, wie Gott die Person sieht. Alles können wir aufschreiben und uns so für die Person bildlich vorstellen. Das ist auch eine tolle Übung für Eltern und Hauskreisleitende. Gerade dort, wo uns Herausforderungen begegnen, stärkt die Sicht Gottes unsere Beziehungen.

Im Alltag und im Umgang mit Menschen ist das geistliche Sehen ein wertvoller Schatz, weil es meine Sicht auf die Menschen vollkommen verändert. Vor einiger Zeit war ich in einem Geschäft und wurde von der Bedienung scheinbar grundlos ziemlich mürrisch abgefertigt. Ich fühlte mich ungerecht behandelt. Mir fiel ein, Gott nach seiner Sicht zu fragen. Da kam mir der Gedanke, dass die Frau sehr verantwortungsbewusst ist und gerade heute viel Liegengebliebenes von ihren Kolleginnen und Kollegen wegräumen musste und so selbst in Zeitnot kam. Als ich das so vor mir sah, hatte ich auf einmal großes Verständnis für die schlechte Laune dieser Frau, konnte freundlich bleiben und ihr sogar ein großzügiges Trinkgeld geben. Gottes Sicht ermöglichte es mir, auf Ärger mit Freundlichkeit zu reagieren.

> *Gottes Sicht ermöglicht es, auf Ärger mit Freundlichkeit zu reagieren.*

Kämpferin mit Herz

Einmal war ich in der Sonntagsschule eingeteilt. Nur wenige Kinder kamen, weil es ein spezieller Anlass war. Ich war ziemlich müde an diesem Tag und freute mich schon darauf, dass es diesmal ein gemütlicher Morgen werden würde. Da entdeckte ich ein Mädchen, das immer wieder Mühe mit Autoritätspersonen hat. Ich ertappte mich bei dem Gedanken: »O nein, bitte nicht sie – nicht heute!« Ich hatte wenig Lust auf Widerstand. Da bat ich Gott um seine Sicht für das Mädchen. Als ich sie genauer anschaute, sah ich Unsicherheit und Einsamkeit. Und dann war es plötzlich, als würde ich nochmals eine Schicht tiefer eine große Leidenschaft und Sehnsucht nach Gott erkennen; eine Kampfbereitschaft und viel Mut.

> *Das Geheimnis ist, dass wir uns von Gott zeigen lassen, was hinter der Fassade von Menschen steckt.*

Plötzlich sah ich eine leidenschaftliche Kämpferin mit einem riesengroßen Herz. Nur dass die Kämpferin und das Herz durch verschiedene Erfahrungen zugeschüttet worden waren. Nach diesen Gedanken empfand ich auf einmal eine große Liebe für das Mädchen. Sie schien das zu spüren, und nach einer kurzen anfänglichen Unsicherheit hatten wir einen tollen Vormittag zusammen.

Dieses Mädchen fiel mir auch danach immer wieder auf. Dann fragte ich sie ab und zu, wie es ihr geht, oder sagte, wie schön es ist, dass sie da ist. Einmal traf ich sie im Freibad. Ich hatte sie gar nicht gesehen, aber plötzlich stand ein strahlendes, lachendes Mädchen vor mir und begrüßte mich herzlich. Seit dem Vormittag in der Sonntagsschule – er ist schon über ein Jahr her – ist viel passiert in unserer Beziehung. Ich glaube, das ganze Geheimnis war, mir von Gott zeigen zu lassen, was hinter der Fassade steckt.

Ich sehe was, was du nicht siehst!

Unser zweiter Sohn geht zusammen mit einem gleichaltrigen Jungen in die Sonntagsschule. Beide haben sie größere Brüder, denen sie nacheifern und auf die sie sich konzentrieren. Gegenseitig haben sie sich noch nicht richtig wahrgenommen. Immer wieder denke ich: »Die zwei, die würden sich bestimmt sehr gut verstehen!« Aber mein Sohn zeigt kein Interesse. Lieber ist er an der Seite seines großen Bruders. Und dem anderen Jungen scheint es ähnlich zu gehen. Am Geburtstagsfest ermutige ich ihn, den Jungen einzuladen. Mein Sohn will nicht: »Mit dem spiele ich doch überhaupt nicht!« – »Stimmt. Aber so lernst du ihn besser kennen – und wenn du ihn wirklich nicht magst, musst du ihn nächstes Jahr nicht mehr einladen. Versuche es doch dieses Mal!« – »Na gut.«

Die Geburtstagsfeier ist anstrengend. Es gibt zwei Jungs, die ständig miteinander streiten; einen anderen, dem Fußball spielen keinen Spaß macht und der darum griesgrämig am Rand hockt. Die Spiele, die ich vorbereitet habe, treffen auf geringes Interesse. Zu wichtig ist es, sich gegenseitig zu zeigen, wie stark man ist. Aber ein Kind hat Freude am Fest und ist mit vollem Herzen dabei: der Junge aus der Sonntagsschule! Auch mein Sohn spürt: Der ist ja richtig cool! Der macht mit und lässt sich nicht die Freude verderben oder in die Rivalitäten hineinziehen. Von da an haben sie sich immer wieder getroffen und heute sind sie gute Freunde.

Mein Sohn hat den Jungen zwar gekannt, aber lange nicht *gesehen*. Durch die Ermutigung, den Jungen einzuladen, hat er ihn plötzlich anders wahrgenommen. Manchmal können wir Verbindungen und Zugehörigkeiten sehen, wo noch keine sichtbar sind. Wir spüren: Da passt etwas zusammen, auch wenn es noch nicht sichtbar ist. Genau das ist mir mit meinem Sohn und seinem Freund so passiert.

Unsere Identität – Gottes originales Design

Gott hat jeden von uns einzigartig gemacht, in jeden von uns Gaben, Eigenschaften und Leidenschaften hineingelegt. So wie du bist, ist niemand anders auf der Welt! Deine Kombination von Wesensart, Aussehen und Fähigkeiten ist absolut unvergleichlich.

> Wie hat sich Gott dich gedacht? Welche Gaben, welche Eigenschaften hat er in dich hineingelegt? Welche Leidenschaften und Fähigkeiten liegen auf deinem Leben? Was ist dein Ding, wo fließt dein Herzblut? Wie bist du gemeint, welche Tiefen sind in dir, welche Gedanken und Ideen?

Rev. Andrew Miller, der Gründer und Geschäftsführer von *HeartSync Ministries,* und andere Autoren nennen diesen Kern von uns Menschen das »originale Design Gottes«, das wahre Selbst oder das »Ursprungs-Design Gottes«, wie Ilona Ingold es anlässlich eines Trainings für prophetische Teams in (Kirchen-)Gemeinden veranschaulicht hat. Es ist die Ebenbildlichkeit Gottes, die nicht sofort sichtbar ist, sondern die Gott uns offenbaren muss.

Wenn wir Menschen mit unseren natürlichen Augen betrachten, sehen wir dieses originale Design meistens nicht sofort. Vielleicht blitzt etwas davon hie und da durch – durch die äußere Schale des Menschen. Ilona Ingold nennt noch zwei weitere Sichtweisen[21]:

1. Was wir zuerst sehen, ist der Mensch, der durch Erfahrungen und Prägungen entstanden ist. Wir nehmen mit unseren

natürlichen Sinnen wahr, wo ein Mensch Verletzungen hat, welche Ängste er in sich trägt und welche Verdrängungsmechanismen er sich angeeignet hat. Wir sehen das originale Design wie durch getrübtes Glas.
2. Wir sehen manchmal auch, wie ein Mensch selbst wahrgenommen werden möchte, wie er sein will. Gerade in christlichen Gemeinschaften haben wir oft Idealbilder, denen wir zu entsprechen versuchen. Wir haben innere Bilder von uns selbst und große Hoffnung, dass wir einmal so sein werden. Ideale und Vorstellungen sind das andere, was wir mit unseren natürlichen Sinnen wahrnehmen können, wenn wir eine gute Wahrnehmungsfähigkeit haben.

Wie ein Mensch wirklich und ursprünglich gedacht ist, was seine Berufung, seine Leidenschaften, sein Wesen und seine Gaben sind – das erschließt sich uns nicht durch unsere natürlichen Augen und Ohren. Wie Gott sich einen Menschen gedacht hat, kann er uns nur durch seinen Heiligen Geist offenbaren – durch unsere geistlichen Sinnesorgane. Eine solche Offenbarung ist ganz und gar übernatürlich. Und sie drängt sich uns auch nicht auf. Nein, ich glaube, Gott möchte, dass wir ihn darum bitten, manchmal müssen wir sogar darum kämpfen.

Auf die Bedürfnisse zu antworten, die wir bei anderen wahrnehmen, ist gut. Aber Gottes Perspektive geht tiefer.

Als natürlich funktionierende Menschen – und vor allem als solche, die Gottes Stimme hören und andere damit segnen wollen – sind wir meistens versucht, auf die Bedürfnisse zu antworten, die wir wahrnehmen. Wenn wir bei einer Person bemerken, dass sie Liebe braucht, neigen wir dazu, ihr Liebe zuzusprechen. Wir nähren damit aber das falsche Ich. Wir wollen die deformierte, verletzte

Person aufrichten, die Liebe braucht, weil ihr Liebestank leer ist. Damit tun wir nichts anderes, als die Person in ihren Bemühungen, ihren Mangel auszufüllen, zu bestärken.

Wenn wir von Gott eine Offenbarung über das originale Design eines Menschen brauchen, müssen wir uns von dem, was wir selbst wahrnehmen, lösen. Wir brauchen Gottes Sicht für diesen Mensch – aus uns selbst können wir das nicht! Es ist unmöglich, Gottes Gedanken aufgrund eigener Überlegungen zu sehen.[22]

Mehr sehen

Ich war einmal mit meiner Tochter in einem Krankenhaus, um ein neugeborenes Baby und seine Eltern zu besuchen. Wir machten einen Zwischenstopp im Schnellrestaurant, um etwas zu trinken zu kaufen. Da stand ein Mann an der Kasse und kaufte sich ein Sandwich und eine Cola. Er war ziemlich übergewichtig und ungepflegt. Es war spannend, was dieser Anblick mit mir gemacht hat. Mein erster Gedanke war: »Wie kann man sich, wenn man übergewichtig ist, so ungesund ernähren? Wären eine Frucht und ein Wasser, oder wenigstens ein Vollkornbrot, nicht viel gesünder? Kein Wunder …« und so weiter. So viele überhebliche, verurteilende Gedanken – dabei wusste ich nicht einmal mit Sicherheit, ob der Mann für sich selbst einkaufte oder nicht. Für mich war klar: Das war ein Mann, der sich nicht beherrschen konnte und dem seine Gesundheit egal war.

Hätte es eine Alternative gegeben? Ja, sicher: Ich kann einen Schritt weitergehen und vielleicht den Mangel sehen, den dieser Mann etwas offensichtlicher als andere Menschen hat. Ich kann einen Mann sehen, der traurig ist und sich mit einer köstlichen kleinen Zwischenmahlzeit etwas Gutes tun will. Der lieber nicht darüber sinniert, was er jetzt wirklich bräuchte – vielleicht Zuspruch, Liebe, Ermutigung –, sondern den schnellen Trost bevorzugt.

Das wäre der Weg, das offensichtliche, natürliche Bedürfnis zu erkennen und darauf zu reagieren.

Der Gedanke des originalen Designs Gottes geht aber noch einen Schritt weiter. Da bleiben wir nicht beim Mangel stehen, sondern erfassen den Menschen in seiner Ebenbildlichkeit Gottes, mit den ursprünglichen Gedanken über ihn, die voller Leben und Hoffnung sind. Als ich also Gott fragte, wie er diesen Mann sieht, staunte ich. Vor mir stand ein Mann, der die Gabe hatte, Liebe und Freundschaft in besonderer Weise zu leben und der dazu berufen war, Gottes Liebe sichtbar zu machen. Ich sah einen Mann, der von Gott in hohem Maß befähigt worden war, seine Liebe zu empfangen und weiterzugeben.

Shawn Bolz schreibt: »Zu sehen, was falsch läuft, ist einfach. Zu sehen, was gut läuft, etwas schwieriger, aber nicht so schwierig. Gottes Herz zu entdecken dafür, was er tun will – das kommt nur durch Offenbarung und Intimität.«[23]

Ich hatte in diesem Moment keine Zeit, den Mann anzusprechen, aber ich betete für ihn. Ich betete nicht, dass er doch mit Liebe gefüllt werden möge, obwohl das auch nicht unbedingt »falsch« gewesen wäre. Die Sicht des originalen Designs Gottes bewirkte, dass ich den Mann als Liebesträger Gottes segnete und für seine Berufung betete, die ich als gottgegeben wahrnahm.

In der Netflix-Serie *Shtisel* erhascht ein älterer Rabbi, Shulem, einen Blick auf die Kurznotizen, die der Heiratsvermittler von ihm gemacht hat: »Raucht und trinkt.« Das war alles. Diese Beurteilung beschäftigt Shulem ziemlich, darum fragt er seine Sekretärin, wie sie ihn sieht. Ihre Antwort: »Du bist ein Rabbi und Vater.« Die Sekretärin – vielleicht ein bisschen verklärt – sieht, was Gott in

Shulem hineingelegt hat, denn in all seiner Kauzigkeit und Unvollkommenheit ist er wahrhaftig ein Vater und ein Rabbi.

Die Bloggerin Caroline Krein schrieb auf Facebook: »Bei fast jedem Spielplatzbesuch wurde ich bis vor einiger Zeit von anderen Müttern angesprochen. … Ob es mein Kind sei, das sich da gerade mit einem doppelt so großen Kind prügelt. … Ob es mein Kind sei, das gerade das andere Kind von der Schaukel schubst. Sein Name bedeutet ›Versöhnung‹. Als wir ihn so benannt haben, dachten wir wahrscheinlich eher an so ein Kind, das mit seinem friedvollen und sanftmütigen Wesen Versöhnung in jede Umgebung bringt. Er lebt seinen Namen lieber so, dass er die Versöhnungsbereitschaft seiner Mitmenschen auf die Probe stellt.« Caroline und ihr Mann halten an der Verheißung über seinem Leben fest, die sie empfunden haben, als sie ihrem Sohn seinen Namen gaben. Auch wenn er sie im Moment auf eine andere Art lebt, als sie erwartet hatten.

Als sähe man den Unsichtbaren

Wir werden uns Mose, den Freund Gottes, gleich noch genauer anschauen. Er hatte eine besondere Beziehung zu Gott. Diese Beziehung und Nähe bestanden nicht von Anfang an. Aber eines bestand von Anfang an: das originale Design, das Gott in Mose angelegt hatte. Gott hat in Mose immer das gesehen, was er selbst in ihn hineingelegt hat, von Anfang an und durchgehend. Nämlich die Fähigkeit, sein Volk in die Freiheit zu führen und gleichzeitig in Verbindung mit ihm zu bleiben. Trotz allem, was Mose in seinem Leben Schweres erlebt und selbst in den Sand gesetzt hat – die Adoption durch eine ägyptische Königstochter, die Tötung eines Ägypters, die Flucht nach Midian und sein Dasein als Schafhirte –, lesen wir: »Er (Mose) hielt standhaft aus, als sähe er den Unsichtbaren« (Hebräer 11,27; ELB).

Mose verlor den Draht zu Gott nie. Und obwohl er Gott nicht mit seinen natürlichen Augen sah, lebte er, als sähe er ihn. Diese beständige Gegenwart Gottes machte Mose demütig und gab ihm Richtung. Gott sah das alles schon, als Mose noch ein Mörder war. Er rief ihn und durch Gottes Berufung kam Mose in seine Bestimmung hinein. Je länger er mit Gott lief, desto mehr wurde er zu dem Menschen, den Gott sich gedacht hatte.

Prophetisch zu leben heißt, Freund und Freundin Gottes zu sein, an seiner Seite zu sein und seine Perspektive einzunehmen. Nicht die Perspektive der Umstände, der Menschen und des Sichtbaren. Das bewirkt, dass wir uns selbst, aber auch andere Menschen und Situationen im Licht von Gottes Kraft und Herrlichkeit sehen können.

So zu leben ist uns nicht natürlicherweise gegeben, sondern das bewirkt der Geist Gottes in uns. Unsere Sinne sind es gewohnt, das Sichtbare als Realität wahrzunehmen. Gottes wahre Wirklichkeit ist aber das noch nicht Sichtbare, das Kommende. So ist es eine Schule für all unsere Sinne, aus der himmlischen Heimat heraus zu leben.

In der Bibel finden wir mehrmals die Aufforderung: »Hebe deine Augen auf und sieh.« Wir sehen nichts, wenn wir den Blick nicht aufheben, ihn zu Gott wenden und ihn anschauen. Wenn unser Blick ausschließlich auf das Sichtbare gerichtet ist, sehen wir nichts. Die Folge ist, dass wir das Sichtbare als das Einzige und Wahre anschauen. Es ist unsere Wahrheit.

> *Gottes wahre Wirklichkeit ist das noch nicht Sichtbare, das Kommende.*

Prophetisch zu leben heißt, die himmlische Realität, die Gnade und die Fülle, die Versorgung und die Liebe Gottes auf der Erde sichtbar zu machen. Wir tun das, indem wir sie aussprechen und indem wir uns immer wieder bereit erklären, weiter zu schauen, uns den Blick hinter die sichtbare Realität zeigen zu lassen.

Prophetisch zu leben heißt, die Pläne, das Wesen und das Herz Gottes in Situationen, Umstände und zu Menschen zu sprechen. Es heißt, die Gedanken Gottes, die voller Leben und Hoffnung sind, gegen die menschlichen, oft von Hoffnungslosigkeit und Entmutigung geprägten Gedanken und inneren Sätze auszutauschen.

Prophetisch zu leben heißt, die Pläne Gottes, sein Wesen und sein Herz wahrzunehmen. Unsere Sinne sind auf Gott ausgerichtet. Wir leben, als sähen wir den Unsichtbaren, denn wir wissen: Er sieht uns heute und in die Zukunft hinein.

TEIL 3

Herz teilen

Intimität mit Gott
erleben

11 Freundschaft mit Gott

> Um eines habe ich den Herrn gebeten; das ist alles, was ich will: Solange ich lebe, möchte ich im Haus des Herrn bleiben.
> *Psalm 24,7;* HFA

Als ich zum ersten Mal erlebte, wie es sich anfühlt, Gottes Stimme bewusst zu hören, war ich fasziniert. Ich erlebte Gott auf eine ganz neue Art, aber vor allem entdeckte ich seine Gaben in mir. Es fühlte sich ungefähr so an: »Ah, das kommt von Gott? Ich dachte immer, das sei einfach ich.« Ich hörte Gott, war mir aber nicht sicher, ob ich prophetisch begabt bin. Andere wurden ins prophetische Team eingeladen, ich nicht. Ich fragte selbst an, ob ich mitmachen dürfe. Die Antwort war: »O. k., du kannst kommen – wir werden dann sehen, ob das dein Platz ist.« Ich schluckte, kam dazu, wollte lernen und wachsen. Das war auch gut möglich in den wöchentlichen Einsätzen, bei denen wir zu dritt für verschiedene Personen Eindrücke weitergaben. Es gab keine Zeit, um lange nachzudenken. Dem ersten Impuls, der kam, folgte man. Es war ein bisschen, wie auf dem Wasser zu gehen. Dabei lernte ich immer mehr zu unterscheiden, wie die Stimme des Heiligen Geistes zu mir spricht und wo meine Seele aus sich selbst heraus etwas bestärken, bestätigen oder beschwichtigen wollte.

Wir hatten tolle Leiterinnen und Leiter. Diejenigen, die viel Korrektur gaben und unsere Eindrücke im Nachhinein auseinandernahmen, liebte ich besonders. Ja, ich mochte es, korrigiert zu werden, denn ich lernte dabei sehr viel. Vor allem, immer besser zu unterscheiden und genauer nachzufragen. So wuchs ich in der Gabe. Aber obwohl ich später selbst das Team mitleitete, blieb eine gewisse Unsicherheit bestehen. War ich prophetisch? Und wenn ja, wie prophetisch war ich? Identität und Sicherheit kamen durch das Ausleben meiner Gabe. Aber das war eine Sicherheit, die wankte, wenn jemand anderes einen »besseren«, schärferen Eindruck hatte als ich. Mir wurde klar: Wenn ich weiter wachsen will, dann nicht in dieser Gabe, sondern in meiner Beziehung zu Gott, dem Geber. Denn nur er kann mir Sicherheit und Identität geben, die nicht wanken.

Nur durch die Beziehung zu Gott werde ich eine prophetische Hoffnungsträgerin.

Gottes Gegenwart, die beständige Verbindung zu ihm und seine Liebe werden für mich auf diesem Wachstumsweg immer wichtiger. Sogar wichtiger, als seine Stimme zu hören, denn sein Reden ist ja »nur« ein Ausdruck des Eigentlichen: seiner Liebe zu mir. Erst in der Beziehung mit Gott werden seine Worte auch lebendig und erfahrbar. Durch die Beziehung zu ihm werde ich eine prophetische Hoffnungsträgerin. Wenn ich an seiner Seite bin, lebe ich mit ihm und von ihm, und aus dieser Beziehung und Nähe heraus entsteht alles Leben.

> Die Freundschaft mit Gott ist der Schlüssel für alles prophetische Reden und Handeln, für alles, was andere Menschen und den Leib Christi erbaut, ermahnt und tröstet.

In der Bibel finden wir Beispiele von Menschen, die so eine Herzensverbindung zu Gott hatten. Es sind Männer, die Gott immer wieder voll und ganz vertrauten und mit denen Gott Geschichte schreiben konnte. Zwei davon, deren Gottesbeziehungen mich immer wieder inspirieren und antreiben, sind Mose und David. Ihre Geschichten laden uns dazu ein, uns voll und ganz auf diesen Gott einzulassen, der sich schon immer nach Gemeinschaft mit uns gesehnt hat. Beide sind bei Weitem nicht perfekt. Auch Gottes Freunde sind fehlerhaft. Aber sie haben sich mit ihrem ganzen Sein auf diesen Gott geworfen, das macht in ihrem Leben den Unterschied. Und so auch im Leben von Tausenden von anderen Menschen!

Mose – Vertraut mit Gott

Ich bin ein Fan von Mose. Mose war ein herausragender Prophet des Herrn. Von ihm lesen wir nach seinem Tod: »Und es stand in Israel kein Prophet mehr auf wie Mose, den der Herr gekannt hätte von Angesicht zu Angesicht« (5. Mose 34,10-12; ELB).

Mose wird als einzigartig beschrieben. Nicht aufgrund seiner Leistungen und Vorhersagen, sondern wegen seiner Freundschaft mit Gott.

Wenn wir an Propheten aus dem Alten Testament denken, denken wir oft an Menschen, die wortgewaltig Gericht über Israel oder Juda verkünden. Oder die einen exzentrischen Lebensstil haben, wie Johannes der Täufer, der Honig und Heuschrecken aß und in der Wüste lebte. Wir lesen wenig darüber, was Mose prophezeit hat. Wenn wir Mose zum Beispiel mit Jesaja vergleichen, wirkt Mose ziemlich bescheiden dagegen. Von Jesaja sind 66 Kapitel voller prophetischer Worte überliefert, sie beginnen mit »Weh dir«, »Siehe!« oder »Und der Herr sprach zu mir«. Jesaja war so etwas wie ein Super-Prophet.

Aber es ist Mose, der als herausragend erwähnt wird. Er wird mit klaren Worten als ein Prophet beschrieben, der höhergestellt ist als alle seine Propheten-Kollegen:

Hört, was ich euch sage! Wenn ich einem Propheten unter euch etwas mitteilen will, erscheine ich ihm in einer Vision oder spreche im Traum zu ihm. Mit Mose aber rede ich anders. Denn er ist mein treuer Diener, ihm habe ich mein Volk (»mein Haus«) anvertraut. Ich rede mit ihm von Angesicht zu Angesicht, nicht in geheimnisvollen Bildern, sondern in klaren Worten. Er darf mich sogar sehen.
4. Mose 12,6-8a; HFA

Moses Beziehung mit Gott löst eine große Sehnsucht in mir aus, auch so nahe mit Gott laufen zu können. Offen gestanden: Ich bin ziemlich eifersüchtig auf ihn. Denn er hatte, was niemand anderem gegeben war. Mit »normalen« Propheten redet Gott in Visionen und Träumen und in rätselhaften Worten. Allein das ist ja für die meisten von uns absolut erstrebenswert und wunderbar! Wer hat schon regelmäßig Träume und Visionen? Ich bin dankbar für jedes geheimnisvolle Wort, das ich von Gott höre. Aber Mose durfte mit Gott von Angesicht zu Angesicht reden, in klaren Worten, und er konnte Gott sogar sehen. Was für eine einzigartige, intime Freundschaft mit Gott. Gott vertraute Mose so sehr, dass er ihm sein Haus, sein Volk, anvertraute.

Wie kam Mose in eine solche Intimität mit Gott? Wie entstand diese tiefe Freundschaft?

Einen Hinweis finden wir hier: »Der Mann Mose war sehr demütig, mehr als alle Menschen auf Erden« (4. Mose 12,3).

Moses eigene Geschwister, Mirjam und Aaron, waren so richtig sauer auf Mose, weil er eine Kuschiterin zur Frau genommen hatte. Sie hatten Mühe, seine Autorität anzuerkennen, weil er in ihren Augen einen Fehler gemacht hatte. Sie waren eifersüchtig und fragten sich: »Redet denn der Herr allein durch Mose? Redet er nicht auch durch uns?« Mose hätte zu Recht beleidigt und verletzt sein können: Er gibt sich hin, riskiert alles und seine eigenen Geschwister sprechen ihm seine Leitungsfunktion ab. Mose aber flehte zu Gott für Mirjam, die er wegen ihrer Respektlosigkeit Mose gegenüber mit Aussatz bestraft hatte: »Ach, Gott, heile sie!« Er trat voller Erbarmen und leidenschaftlich für die Schwester ein, die ihn gerade hintergangen hatte. Aufgrund seiner Fürbitte war Mirjam danach nur noch eine Woche lang ausgesondert, aber geheilt.

Moses Demut kann man auch daran erkennen, dass er Gott immer um Rat fragte. Einmal baten ihn fünf Frauen, die Töchter Zelofhads, um ihr Erbteil. Frauen erbten zu dieser Zeit nichts. Es war nicht einmal denkbar, dass Frauen überhaupt etwas einfordern konnten. Beim Erbrecht wurden sie nicht berücksichtigt. Trotzdem schmetterte Mose ihr Anliegen nicht ab, sondern »brachte ihre Sache vor den Herrn« (4. Mose 27,5). Und siehe da, Gott sagte Mose, er solle den fünf Schwestern ihr Erbteil geben und gleich das Gesetz so abändern, dass Frauen in der Erbfolge vorkommen dürfen. Mose fühlte sich nicht in seiner männlichen Ehre verletzt, als er den Frauen recht gab und ihretwegen das Gesetz änderte. Ihm waren seine Stellung, sein Einfluss und sein Ansehen nicht so wichtig.

> *Mose hatte keine Angst um seine Stellung. Er suchte keine Macht, sondern den Willen Gottes.*

Die Gaben, die Gott ihm gab, wollte Mose nicht für sich behalten, sondern er wollte sie weitergeben und multiplizieren. Als er einen Burn-out hatte, klagte er Gott, dass ihm die Last des Volkes zu viel sei. Gott schlug ihm vor, siebzig Männer zu erwählen. Er würde von seinem Geist, der auf Mose war, nehmen und auf diese siebzig

Männer verteilen. Als das geschah und der Geist von Mose auf die siebzig anderen verteilt wurde, gerieten sie in Verzückung wie Propheten. Zwei der Männer waren im Lager und nicht bei der Versammlung, aber sie reagierten genau gleich mit Verzückung. Josua, der sein Leben lang Mose gedient hatte und ihm treu verbunden war, kam das seltsam vor, und er sagte zu Mose: »Mein Herr, Mose, halte sie zurück!« Mose aber dachte nicht daran. Er antwortete: »Hast du Angst, dass mir jemand meinen Platz streitig macht? Ich wünschte, der Herr würde seinen Geist auf das ganze Volk legen und alle wären Propheten!« (4. Mose 11,29; HFA). Mose hatte keine Angst um seine Stellung. Es scheint, als wäre ihm seine Position vollkommen gleichgültig. Er suchte nicht nach Macht, sondern nach dem Willen Gottes.

Die Schwachheit von Mose war kein Hindernis für seine Freundschaft mit Gott.

Trotz allem: Mose führte kein perfektes Leben. Wegen seines Ungehorsams wollte Gott ihn sogar einmal töten, kurz nachdem er ihm seinen Lebensauftrag gegeben hatte (2. Mose 4,24-26). Nur die Klugheit seiner Frau Zippora konnte das verhindern. Ein anderes Mal handelte Mose aus Ärger heraus, ohne Gott die Ehre zu geben. Das war ein so großer Vertrauensbruch, dass Gott Mose nicht in das verheißene Land einziehen ließ. Und doch rückte Gott nicht ab von seiner Sicht auf Mose.

Trotz seines Ungehorsams war Mose für Gott noch immer der demütigste Mensch auf Erden, derjenige, der mit dem Haushalt Gottes vertraut sein und Gottes Angesicht sehen durfte. Seine Schwachheit war kein Hindernis für Gottes Freundschaft mit ihm. Weder seine Stellung noch seine Berufung wurden dadurch beeinträchtigt. Gott zu dienen hatte höchste Priorität für Mose. Der Wille Gottes war in sein Herz geschrieben. Mose redete und handelte aus der Herzensbeziehung mit Gott heraus.

David – Am Herzen Gottes

Auch David lebte eine sehr einmalige Freundschaft mit Gott. Er wird als »Mann nach dem Herzen Gottes« bezeichnet (1. Samuel 13,14; Apostelgeschichte 13,22). Perfekt war David nicht, das haben wir schon gesehen. Aber da war etwas in David, das ihn ganz nahe an das Herz Gottes brachte. Was war das?

David ist der Verfasser vieler Psalmen. Psalmen sind nicht in erster Linie schöne Lieder, obwohl sie sehr schön sind. Sie berichten schonungslos über die Ungerechtigkeit der Gottlosen, und das oft in einem ganz und gar unversöhnten Tonfall: »Der Herr prüft den Gerechten; aber den Gottlosen und den, der Gewalttat liebt, hasst seine Seele« (Psalm 11,5; ELB). Oder: »Den Gottlosen wird die Bosheit töten; und die den Gerechten hassen, werden es büßen« (Psalm 34,22; ELB). Gott ruft uns doch auf, unseren Feinden zu vergeben, oder? Und doch lässt David hier seiner Trostlosigkeit, seinem Hass und seiner Furcht freien Lauf. Sollen wir uns etwa das zum Vorbild nehmen?

Auch seinen eigenen Gefühlen gibt David sehr viel Raum:

Wie lange noch, Herr, willst du mich vergessen? Etwa für immer? Wie lange noch willst du dich vor mir verbergen? Wie lange noch muss ich unter tiefer Traurigkeit leiden und den ganzen Tag Kummer in meinem Herzen tragen? Wie lange noch darf mein Feind auf mich herabsehen?
Psalm 13,2-3; NGÜ

Oder:

Ich fühle mich, als wäre ich hingeschüttet wie Wasser, alle meine Glieder sind wie ausgerenkt. Mein Herz ist wie flüs-

siges Wachs, das tief in meinem Innern zerschmilzt. Ich bin ohne Kraft, ausgetrocknet wie eine Tonscherbe. Die Zunge klebt mir am Gaumen. Du hast mich in den Staub gelegt, dahin, wo die Toten liegen.
Psalm 22,15-16; NGÜ

David ist weder politisch korrekt noch versöhnt mit seinen Umständen – aber er schüttet sich vor Gott aus wie Wasser. Er lässt Gott an seinem Schmerz und an seiner Hoffnungslosigkeit teilhaben und vertraut ihm so sein Herz an. Vermutlich ist genau das der Punkt, der Gottes Herz berührt: dass David sich voll und ganz, ehrlich und bloß auf ihn wirft. Er wagt es, sich verletzlich zu machen. Nichts anderes, nichts Menschliches mehr, keine Sicherheit hält ihn. Nur das Vertrauen, dass Gott, sein Freund, eingreifen wird.

Davor, sich verletzlich zu machen, fürchten sich viele Menschen, auch wenn wir das bei anderen als positiv empfinden. Brené Brown, die als Professorin zu den Themen Verletzlichkeit, Scham, Authentizität und innere Stärke forscht, schreibt: »Wir haben Angst, unsere Wahrheit könnte unzulänglich sein – das, was wir anzubieten haben, könnte ohne Brimborium, Überarbeitung und Imponiergehabe nicht gut genug sein.«[24] Sich verletzlich zu zeigen, sehen die meisten Menschen bei sich selbst als große Schwäche an. Dass Verletzlichkeit jedoch die Voraussetzung für ehrliche Beziehungen ist und dass sie großen Mut erfordert, ist klar: »Vertrauen ist das Ergebnis von Verletzlichkeit. Es wächst mit der Zeit und setzt Arbeit, Aufmerksamkeit und vollen Einsatz voraus«, sagt Brené Brown.[25] Verletzlichkeit erfordert Mut und Vertrauen, und Mut und Vertrauen sind wiederum das Ergebnis von Verletzlichkeit.

> *David wagt es, sich vor Gott ganz und gar verletzlich zu machen.*

David war offensichtlich nicht gefeit vor Dingen dieser Art. Aber seine richtige und wahre Hoffnung, die lag in Gott. Er warf sein Vertrauen auf ihn, als hätte er niemanden sonst und nichts anderes. Das wird nicht nur in den Psalmen sichtbar, sondern auch in der Berichterstattung darüber, wie David mit Krisen umging. David »suchte das Angesicht des Herrn« oder »befragte den Herrn«, das lesen wir sehr oft. Für David war Gott der wichtigste Gesprächspartner, ein verlässlicher Freund, von dem er konkrete Hilfe und Schutz erbat und erwartete.

Bei David ging es ums Ganze, um sein Leben und sein Hab und Gut. Er wusste, an wen er sich wenden konnte, und das tat er auch. David sah keine andere Möglichkeit, nichts Besseres und Schöneres, als Hilfe bei seinem Gott zu suchen, das Gespräch mit ihm, und mit ihm Gemeinschaft zu haben.

Gott will sich anvertrauen

Gott tut nichts, ohne dass er sein Geheimnis seinen Knechten, den Propheten, geoffenbart hat (Amos 3,7). Nicht nur wir Menschen suchen Gott zuerst, sondern Gott sucht auch Freundschaft mit uns. In diesem Vers lesen wir die erstaunliche Aussage, dass Gott erst dann handeln will, wenn er sich mit seinen Vertrauten besprochen hat. Das berührt mich. Es wäre doch denkbar, dass Gott so erhaben über alles Menschliche ist, dass er eigene Entscheidungen trifft und selbst handelt. Aber nein, er vertraut seine Geheimnisse seinen Knechten, den Propheten, an. Er will sich mit ihnen austauschen, sie ins Vertrauen ziehen.

Gott offenbart sich – daraus spricht eine große Tiefe der Beziehung, und es wird klar, dass Gott nicht einfach Menschen sucht, die einen Auftrag nach dem anderen abhaken. Er will in Beziehung sein und mit uns zusammenarbeiten, wie unter Freunden: »Ich nenne euch Freunde und nicht mehr Diener. Denn ein Diener weiß nicht, was sein Herr tut; ich aber habe euch alles mitgeteilt, was ich von meinem Vater gehört habe« (Johannes 15,15; NGÜ).

Henri Nouwen schreibt:

Es mag seltsam klingen, aber Gott möchte mich finden; genauso, wenn nicht mehr, wie ich Gott finden möchte. Ja, Gott braucht mich so sehr, wie ich Gott brauche. Gott ist nicht der Patriarch, der zu Hause bleibt, sich nicht bewegt und erwartet, dass seine Kinder zu ihm kommen, sich für ihr abweichendes Verhalten entschuldigen, um Vergebung bitten und versprechen, es besser zu machen. Im Gegenteil, er verlässt das Haus, ignoriert seine Würde, rennt auf sie zu, achtet nicht auf Entschuldigungen und Veränderungsversprechen und bringt sie an den Tisch, der reichlich für sie vorbereitet ist.

Ich beginne jetzt zu sehen, wie radikal sich der Charakter meiner spirituellen Reise ändern wird, wenn ich nicht mehr von Gott denke, dass er sich versteckt und es mir so schwer wie möglich macht, ihn zu finden, sondern dass Er derjenige ist, der mich sucht, während ich das mit dem Verstecken mache.[26]

Was alle Freunde Gottes miteinander verbindet, ist, dass sie diese Liebe Gottes mit ihrem Leben zu beantworten suchen. Sie leben mit Gott. Seine Pläne sind ihre Pläne, Gottes Schmerz ist ihr Schmerz, seine Gegenwart ist das, wonach sie sich sehnen und ausstrecken – nicht nur mit ihrem Herzen, sondern mit ihrem ganzen Leben. Gott ist nicht ein Accessoire in ihrem Alltag, das sie neben vielem anderen auch noch einplanen. Er ist ihre Lebensgrundlage, ihr Kompass, ihr Tröster und Hirte.

Unsere Beziehung mit Gott ist der Anfang und das Fundament prophetischen Lebens, der Boden, in dem alles entsteht und wachsen kann. Wenn wir eine Kultur der Ermutigung und der Wertschätzung bauen wollen, wenn wir das originale Design von Menschen erkennen und hervorrufen wollen, wenn wir Leben und Hoffnung zu Menschen und in Umstände hineinsprechen wollen, dann beginnt all das damit, dass wir uns selbst zutiefst und wahrhaftig geliebt fühlen, unendlich und bedingungslos angenommen wissen. Wenn wir das nicht tun, werden unsere Bemühungen das bleiben, was sie sind: Bemühungen. Leben und Hoffnung kommen aus der Fülle eines Herzens, das sich geliebt und angenommen weiß.

> *Unsere Beziehung mit Gott ist der Anfang und das Fundament prophetischen Lebens.*

Gottes Ja zu uns

Die Beziehung mit Gott hat mit einem Ja Gottes zu uns angefangen. Dieses Ja ist völlig unabhängig davon, wie wir uns fühlen oder verhalten. Die Einladung an uns lautet, in eine Tiefe mit Gott zu kommen. Eine Tiefe, die es uns ermöglicht, diesem Gott kühn und mutig zu vertrauen. Alles auf eine Karte zu setzen: auf Jesus, den Sohn Gottes, unseren Freund und Heiland.

Wenn wir Nähe mit Gott zulassen, schenken wir ihm Gelegenheit zu zwei Dingen: uns selbst nahezukommen und Gottes Sicht über uns kennenzulernen. Beides ist abenteuerlich und erfordert kühnes Vertrauen. Gott hatte wunderbare Gedanken, als er uns schuf! Und weil er so liebevoll und voller Hoffnung über uns denkt, werden wir in dieses Bild verwandelt, wenn wir mit ihm Gemeinschaft haben.

Die Bibel zu lesen und zu beten sind zwei wunderbare Wege, um mit Gott Beziehung zu leben. Oft empfinden wir sie jedoch als pure Pflicht. Beides verkommt manchmal zum Kästchen, in das ich pflichtschuldigst mein Häkchen setze, sobald es erledigt ist.

Weder bei David noch bei Mose oder Abraham sehe ich Verpflichtung, sondern Vertrauen, Intimität und Leidenschaft. Diese starken Männer warfen sich mit allem, was sie hatten, auf ihren Gott. Er war ihre Sicherheit, ihr Halt, ihr Anker. Die Gemeinschaft mit Gott setzte große Kraft im Leben dieser Männer frei. Sie lebten von ihr. Diese Gemeinschaft war so anziehend, dass sie sich nach seiner Gegenwart verzehrten. Und genau das ist auch mein eigener Herzenswunsch! Dass meine Liebe zu Gott und meine Sehnsucht nach ihm so stark sind, dass ich alles daransetze, um mit ihm zu sein.

12 Mein Alltag – Raum für kühnes Vertrauen

Eine Zeit lang war ich regelmäßige Besucherin von christlichen Konferenzen. Was ich dort mit Gott erlebt habe, sind Kostbarkeiten; Erfahrungen, die ich um nichts in der Welt missen möchte und die nachhaltige Veränderungen mit sich brachten.

Ich erlebte allerdings eine Diskrepanz zwischen den Gotteserfahrungen auf Konferenzen und denen in meinem Alltag. Die Herrlichkeit verschwand unbemerkt und viel zu schnell zwischen Esstisch und Spülmaschine. Im täglichen Sein und Schaffen fühlte und erlebte ich nicht dasselbe wie in der Gemeinschaft. Und doch wünschte ich mir nichts mehr, als dass mein Alltag von Gott berührt wird. Das Erlebte sollte in meinem täglichen Leben sichtbar werden. Ich wollte mehr von der Herrlichkeit Gottes in meinem persönlichen, kleinen Leben. Mehr Herrlichkeit, mehr Kraft, mehr Gott! Keinen Sonntagsglauben, keine Konferenzbeziehung, sondern Glauben am Montag, am Dienstag und am Donnerstag, das Vertrauen an Arbeitsplatz und Frühstückstisch und mitten im Wäscheberg.

> Das Hier und Jetzt ist der Ort, wo meine Beziehung zu Gott wachsen und ich Gottes Herz ganz praktisch kennenlernen kann.

In meinem Alltag wird sichtbar, in welchen Bereichen meines Lebens ich Gott vertraue. Meine Liebe zu Gott zeigt sich nicht daran, wie viele Bibelstellen ich auswendig gelernt habe. Sondern daran, was in mir passiert, wenn ich eine unerwartet hohe Rechnung erhalte, wenn der Urlaub ins Wasser fällt oder wenn das Kind ein mäßiges Schulzeugnis nach Hause bringt. Sie zeigt sich, wenn ein Auftrag unerwartet abgesagt wird oder wenn ein Elterngespräch bevorsteht, von dem ich weiß, dass es nicht einfach sein wird.

Potenzial für Gottes Feuer

Eine nächtliche Vision von Catrin Küllmer, Mitbegründerin und -leiterin des Beratungs- und Schulungsdienstes *GRÜNDUNG konkret*, drückt aus, was ich mir für meinen Alltag ersehne. Sie träumte davon, wie Gott das Feuer seines Geistes auf der Erde ausbreitet. Im Traum sprossen überall kleine Flammen auf, die nach und nach zu großen Feuern wurden. Als sie das sah, breiteten sich in ihr Unglauben und Zweifel aus, und sie bat Gott, ihr zu zeigen, wie er das tun wollte. Da zeigte ihr Gott Folgendes: Er zoomte auf die Stellen, wo es brannte. Catrin konnte einzelne Personen erkennen, die Gemeinde Jesu, mitten in ihrem Alltag.

Junge Leute trafen sich. Sie beteten zusammen, spielten am Computer und trieben Sport. Am nächsten Tag gingen sie schwimmen. Zuerst beteten sie um Erweckung, dann machten sie ihre normalen Teenager-Sachen. Da kam das Feuer Gottes. Sie hatten in Schlichtheit getan, woran sie glaubten. Ihnen schlossen sich neue Teenager an. Da war eine Mutter, die mit Liebe und Sanftmut schmutzige Wäsche ihrer Kinder gewaschen hatte. Auch das hat ein Feuer entzündet. Ein Mann hat seinem Nachbarn den Garten in Ordnung gebracht, einfach aus Liebe. Das Herz des Nachbarn hat sich geöffnet und verändert. Ein Feuer wurde entzündet. Es gab Unternehmer, die keine unfairen Vertragsabschlüsse machten, weil sie nach Gottes Weisungen arbeiten wollten. Da brach plötzlich ein Feuer aus.

Menschen tun Dinge aus der Verbindung mit Gott heraus, nicht aus menschlicher Freundlichkeit. Das setzt ein Feuer frei. Unser Alltagsleben hat Feuer und Kraft, wenn wir aus der Verbindung mit Gott heraus leben. Auch Gott sehnt sich danach, dass unser Alltag durchdrungen ist von seiner Gegenwart.

Einerseits ist unser Platz an Gottes Seite – in Christus ist der Himmel unsere Heimat. Aber das Umgekehrte gilt genauso: Der Wundertäter, der Heiland, der Friedefürst lebt in mir (Kolosser 1,27)! Wir sind nicht nur in den himmlischen Räumen zu Hause, sondern Christus selbst wohnt mitten unter uns, mitten in unseren Herzen und so mitten in unserem Alltag, im Hier und Jetzt.

Unser Alltagsleben hat Feuer und Kraft, wenn wir aus der Verbindung mit Gott heraus leben.

Oft sind wir von einer Weltsicht geprägt, in der Gott »oben« im Himmel ist und wir »unten« auf der Erde. Kennst du die Telefonnummer von Gott? Sie lautet 5015: »Rufe mich an in der Not, so will ich dich erretten, und du sollst mich preisen« (Psalm 50,15). Eine tolle Merkhilfe – aber sie bewirkt auch die Denkweise, dass Gott grundsätzlich fern von uns ist und erst angerufen werden muss. In der Not zwar erreichbar, aber eigentlich ist er nicht hier. Er muss zuerst gerufen werden. Aber: Gott ist *immer* da. Die Verbindung zu ihm muss niemals abreißen – jedenfalls aus der Perspektive Gottes nicht.

Gott ist da, mitten unter uns. Das Reich Gottes ist nahegekommen (Lukas 10,9) – nahe, berührbar, spürbar, erlebbar. Nahegekommen ist nicht zeitlich gemeint – es kommt bald –, sondern örtlich. Und dieses Reich, in dem Gott König ist und die Herrschaft hat, umfasst und verändert alles. Es gibt nichts mehr, das von seiner Fürsorge, seiner Kraft und seiner Liebe ausgeschlossen und nicht mitgemeint ist.

Wenn Gott über mein Leben regiert

Reich Gottes bedeutet, dass Gott, der König, regiert. Er regiert über mich und über mein Leben. »Regieren« hat in unserem Sprachgebrauch ähnlich wie »herrschen« eine negative Konnotation, weil wir Autorität oft mit Machtmissbrauch gleichsetzen. Die Herrschaft Gottes ist aber eine, die auf seiner Schulter ruht, auf der Schulter des Wunderrats, des Friedefürsten, des heldenhaften Gottes und des ewigen Vaters. Ich kenne keinen besseren Ort für Herrschaft als die Schulter des ewigen Königs, Jesus. Seine Herrschaft bewirkt Frieden und Schutz durch Recht und Gerechtigkeit:

> *… auf dass seine Herrschaft groß werde und des Friedens kein Ende auf dem Thron Davids und in seinem Königreich, dass er's stärke und stütze durch Recht und Gerechtigkeit von nun an bis in Ewigkeit.*
> Jesaja 9,6

Wenn Gott über mein Leben regiert, dann schließt das auch meine Finanzen und mein Hab und Gut mit ein. Es gilt für meinen Körper und für meine Gesundheit. Seine Herrschaft schließt meine Beziehungen, meine Familie, meine Arbeitsstelle und meine Ausbildung mit ein. Um diese Dinge dürfen wir uns kümmern. Gott hat uns Verantwortung dafür gegeben. Dass Gott über mein Leben regiert, heißt nicht, dass ich meine Hände in den Schoß lege. Aber es heißt, dass ich mich um all diese Dinge nicht *sorgen* muss. Sorgen im Sinne von: Ich muss ängstlich darum besorgt sein. Ich darf mich kümmern – aber gegen das Sorgen hat Gott viel (Psalm 127,2; Matthäus 6,31; Philipper 4,6). Wir müssen nicht von Angst getrieben sein, sondern dürfen im Vertrauen auf den guten Hirten leben.

Dieses Vertrauen fällt uns oft schwer. Ja, wir sind es nicht gewohnt, Gott an unserer Seite zu wissen, sondern handeln oft so, als wären wir die Einzigen, die für uns sorgen. Auch die Welt, in der wir leben, bestärkt uns nicht, Gott zu vertrauen. Wir sind auf Sicherheit und Berechenbarkeit angelegt. Das Bankkonto, die Versicherungen und der Zeitgeist rufen: »Sorge vor! Schau nach dir, sonst tut es nämlich niemand!« Es braucht eine wilde Entschlossenheit, diesen Botschaften zum Trotz an der Versorgung Gottes festzuhalten. Sie kommen aus einer Welt, die die Versorgung Gottes nicht kennt. Wir sind so geprägt. Es ist für unsere alte Natur nicht natürlich, zu vertrauen. Es ist übernatürlich! Gott zu vertrauen ist Leben im Geist. Ich finde es tröstlich zu wissen, dass ich das Stück für Stück einüben darf.

Wenn Gott über mein Leben regiert, dann heißt das ja auch nicht, dass von jetzt an alles wie am Schnürchen läuft und mir nichts Schweres mehr widerfahren wird. Aber es bedeutet, dass ich mit dem Guten und dem Schweren, meinem Gelingen und meinem Versagen, total in Gottes starker, liebevoller Hand bin. Es bedeutet, dass ich mich geborgen weiß, auch wenn ich auf wackeligem Grund stehe, und dass meine Seele sich sicher fühlen kann, weil dieser König und Gott mein Hirte und mein Vater ist, der mich niemals allein lässt. Im peitschenden Gegenwind und im größten Gewittersturm nicht. Ja, Gott ist König über mein Leben. Dieses Wissen entspannt mich total und vollkommen.

> *Gott ist König über mein Leben. Dieses Wissen entspannt mich vollkommen.*

Vor einiger Zeit hatten wir mehrere Monate lang damit zu kämpfen, dass für eines unserer Kinder einige wichtige Pläne nicht aufgingen. Es war eine schmerzhafte Zeit für das Kind und auch für uns Eltern. Wir litten mit ihm und konnten doch nur wenig helfen. Was möglich war, taten wir – den Rest mussten wir loslassen. Ich verbrachte viele Stunden im Gebet, verzweifelt und voller Angst. Auch im Gebet waren Leere und Dunkelheit. Und doch spürte ich im tiefsten Inneren immer wieder einen kleinen, aber festen, übernatürlichen Frieden aufblitzen, auch wenn die Lage menschlich gesehen äußerst schwierig war. Dieser Frieden kam immer wieder durch.

Und je mehr ich meinen Alltag mit Gott teile – ihn einbeziehe in meine Entscheidungen, in meine Pläne und in meine Gedanken –, desto mehr erlebe ich, wie sich dieser große Gott auch für die kleinsten Dinge in meinem Leben interessiert. Wie er Anteil nimmt an der Frage, was ich zum Mittagessen kochen soll, obwohl das niemandes Leben rettet. Er gibt mir Ideen beim Dekorieren und er schenkt mir Liebe, wenn ich auf meiner täglichen Morgenrunde durchs Haus die Kissen aufschüttle. Er gibt mir gute Worte für meinen Mann und er lässt mich mit Liebe den Tisch fürs Mittagessen decken.

Je mehr ich ihn in mein Leben bitte, desto mehr wird er darin sichtbar. Je mehr ich Gott brauche, desto mehr erlebe ich ihn. Ja, je mehr ich mich auf ihn werfen muss, weil meine eigenen Mechanismen nicht mehr tragen, desto mehr kommt er zum Zug und kann mir zeigen, wie mächtig er ist. Dass ich mit Gott im Alltag rechne, lässt meine Freundschaft mit ihm wachsen und erstarken.

13 Mein Herz – Zerbrochenheit wagen

Es gibt einen zweiten Ort, an dem sich meine Beziehung zu Gott vertiefen kann: mein Herz.

Heute Morgen macht mir das Schreiben Mühe. Es ist harzig. Es ist, als wäre etwas zwischen mir und Gott. Schon lange habe ich nicht mehr mit Gott geredet und es kommt mir komisch vor, über Beziehung mit ihm zu schreiben. Es fühlt sich an, als hätte ich gerade kein Recht dazu. Ich spüre: Es geht um mein Herz. Ich habe mich in den letzten Tagen etwas verloren. Müde war ich, viel zu tun hatte ich, geärgert habe ich mich. Mehrmals. Täglich. Trotzdem war das nicht der Punkt, denn diese Dinge gehören zum Leben. Gott hat eigens für diese Dinge Lösungen geschaffen! Es sind die Dinge, die wir ihm bringen dürfen. Es sind die Punkte, über die er mit uns reden will, um uns so verändern, heilen und frei machen zu können.

Gott wartete auf mich. Sanft und leise, ohne Vorwurf.

Nur, ich ging das alles ganz anders an. Ich wollte das, was mich bedrückte, allein regeln. Ich hatte keine Lust, damit zu Gott zu kommen. Denn ich kenne ihn: Er berührt mein Herz, seine Güte bewirkt Reue, seine Kraft verändert und heilt mich. Ich verspürte weder Lust noch hatte ich Zeit für Herzensarbeit. Viel lieber gab ich mich den klassischen Trösterchen und Verdrängerchen hin: Arbeitswut, soziale Medien, Netflix, Schokolade. Viel lieber fühlte ich mich rastlos, als mit Gott meine Gedankenfetzen, meine Versäumnisse, meinen Ärger und die Unzulänglichkeiten der letzten Tage zu besprechen. Inzwischen wusste ich sie schon gar nicht mehr alle!

Trotzdem spürte ich, dass Gott auf mich wartete. Sanft und leise, ohne Vorwurf. Das war fast noch unangenehmer, als wenn es eine Standpauke gegeben hätte. Jesus wartet geduldig, bis sich mein geschäftiges Ich in seiner ruhenden Gegenwart wiederfindet. Und der Zeitpunkt war gekommen, ich wollte schließlich schreiben und vorankommen, am liebsten in dem Tempo, in dem ich gerade unterwegs war. Aber das funktionierte nicht. Nun war der Augenblick gekommen, mein Herz mit Jesus zu teilen, das spürte ich deutlich. Gerade da, wo ich saß, auf dem Sofa, meinem Treffpunkt mit Jesus, begann ich zögernd, ihm mein Herz auszuschütten. Es war nicht gerade ein überfließendes Gespräch, aber mit jedem Wort, das ich an ihn richtete, spürte ich, wie sich etwas in mir aufrichtete und klärte.

Das Herz öffnen

Dadurch, dass ich mein Herz öffne, ermögliche ich es Jesus erst, dass er mich berühren und trösten kann. Das Gespräch mit ihm endet nicht, wenn die Worte versiegen. Ich befinde mich in seiner Gegenwart und es wäre dumm, diesen Raum wieder zu verlassen.

Indem ich mein Herz mit Gott teile, baue ich Beziehung mit ihm. Dazu ist erst die Erkenntnis nötig, dass sich Gott für meine Gefühle interessiert und dass sie Raum einnehmen dürfen. Ich darf wütend sein. Ich darf ärgerlich sein. Ich darf schmollen. Und das Großartige daran: Gott will mit mir auch in diesen Gefühlen zusammen sein. Ja, meine Gefühle haben zuerst einmal Raum. Ich bin zuerst einmal so angenommen, wie ich bin.

In diesem Angenommensein empfange ich die Einladung Gottes, mich von ihm heilen zu lassen. Der *Jahwe rofe'*, der Gott, der mich heilt, kann mich zwar so lassen, wie ich bin, aber er bietet mir etwas Besseres an: Heilung und Freiheit. Es steht mir frei, diese

Einladung anzunehmen oder abzulehnen. Ich muss nicht in eine Form passen, um geliebt zu sein. Aber ich darf mich heilen lassen, um frei zu sein.

Gott geht mit mir durch den Schmerz hindurch. Das bedeutet manchmal Herzensarbeit der intensiven, bohrenden und unangenehmen Sorte. Es kann sich wie ein dunkler Tunnel anfühlen, durch den ich mich hindurchpressen muss. Ich weiß, dass er wieder enden wird, aber ich befinde mich noch davor.

Ich muss mich meistens nicht groß bemühen, um herauszufinden, was Gott an mir heilen möchte. Ärger und Schmerz sind die Anzeichen, dass ich einen wunden Punkt aufgespürt habe. Wenn sich ein solcher wunder Punkt bemerkbar macht, bin ich herausgefordert, ehrlich und ohne Rechtfertigungen hinzuschauen, was bei mir abläuft. In dem Prozess, Herzensarbeit zu lernen, waren Hanne Baars Bücher eine große Inspiration für mich. In ihrem Buch *Vom Oje zum Aha!* ermutigt sie dazu, sich den wunden Punkten zu stellen, um innerlich zu wachsen: »Man kann Leid nutzen oder vergeuden.«[27]

> *Es ist ein großer Unterschied, ob ich Schwierigkeiten für mich behalte oder dem großen Gott anvertraue.*

Die wunden Punkte in meinem Leben machen mir inzwischen nicht mehr so viel Angst. Ich habe so oft erlebt, wie Gott mich befreit und geheilt hat, dass auch meine Seele verstanden hat: Gott meint es einfach nur gut mit mir! Er freut sich, wenn ich gesund und heil bin. Nicht, dass das Hinhalten meines Herzens keine Überwindung mehr braucht. Ich muss immer wieder all meinen Mut zusammennehmen und mich bewusst dafür entscheiden. Es ist auch nicht so, dass das Hinhalten eine sofortige Lösung bringt. Der Schmerz weicht nicht immer, und schon gar nicht immer sofort. Aber es macht einen großen Unterschied, ob ich meine Schwierigkeiten für mich behalte oder sie dem großen

Gott anvertraue! Wenn ich das nämlich tue, erlaube ich ihm, mich mit seiner Liebe zu überhäufen und mir mit Hoffnung zu begegnen. Aus Entmutigung wird immer Hoffnung – das ist mein Gott. Das ist der Gott, vor dem ich echt und verletzlich sein darf. Bei dem ich keine Maske aufsetzen muss und vor dem ich auch nicht fröhlich sein muss. Nein, ich darf sein, wie ich bin, und immer wieder neu mein Herz öffnen und ihm anvertrauen, was mich bewegt.

Henri Nouwen schreibt:

In den letzten Jahren wurde mir zunehmend bewusst, dass wahre Heilung hauptsächlich durch Teilen von Schwachheit stattfinden kann. Meistens fürchten wir unsere Schwachheit so sehr, dass wir sie um jeden Preis verstecken und sie so weder anderen noch uns selbst zugänglich machen. Und so finden wir uns – entgegen unseren eigenen Wünschen – in einem Doppelleben wieder. Im einen Leben präsentieren wir uns der Welt, uns selbst und Gott gegenüber als eine Person, die alles unter Kontrolle hat. Im anderen Leben fühlen wir uns unsicher, zweifelnd, verwirrt, ängstlich und machtlos. Die Trennung zwischen diesen beiden Leben beschert uns eine Menge Leid.

Mir ist immer mehr bewusst geworden, wie wichtig es ist, die Kluft zwischen diesen beiden Leben zu überwinden, und ich merke allmählich, dass das Wahrhaben der Realität unseres Seins, zusammen mit anderen, der Anfang eines Lebens sein kann, das wahrhaftig frei ist. ... So lange, wie ich mich selbst oder andere von meiner Unabhängigkeit zu überzeugen versuche, brauche ich einen großen Teil meiner Kraft, um ein falsches Selbst zu bauen. Aber sobald ich fähig bin, mir und anderen ehrlich meine tief greifende Abhängigkeit von anderen und von Gott einzugestehen, komme ich in Berührung mit meinem wahren Selbst, und echte Gemeinschaft wird möglich.[28]

Eine glockenhelle Stimme

Wenn ich Gottes Liebe weitergeben will, komme ich nicht darum herum, mein Herz von ihm berühren zu lassen, es ihm hinzuhalten und mich von ihm verändern und heilen zu lassen. Dazu brauche ich den Mut, Verletzlichkeit zuzulassen. Die vielen Ängste, von denen ich getrieben werde, anzuschauen und in sein liebevolles, heilendes, reinigendes Licht zu halten.

Wir selbst können mit alldem oft gut leben und haben gute Strategien und Erklärungen für unser Herz. Doch Gott möchte unseren Mund und unser Herz gebrauchen, um sein Reich zu bauen. Darum nimmt er uns in Reinigungsprozesse hinein. Ich weiß nicht, ob es möglich ist, Gott vollmächtig – und damit meine ich in unserem vollen Potenzial –, mutig und gestärkt zu dienen, wenn wir unser Herz außen vor lassen. Unsere alte Natur, Schuld und die Verletzungen unseres Herzens werden in Beziehungen immer wieder Störungen und Missverständnisse verursachen, sie werden uns verängstigen und uns zurückweichen lassen. Ablehnung, ein Hauptthema von uns Menschen, kann unsere Herzen deswegen nach und nach hart und verbittert machen. Das haben wir uns schon im ersten Teil angeschaut.

So wie nur eine blitzsaubere Trompete rein klingt und eine gestimmte Violine saubere Töne spielen kann, so darf ich auch mein Herz immer wieder prüfen. Dazu brauche ich keine mühselige Nabelschau, sondern Gott selbst prüft und erkennt mich, wenn ich ihn darum bitte: »Erforsche mich, Gott, und erkenne mein Herz; prüfe mich und erkenne, wie ich's meine« (Psalm 139,23).

Die folgenden Fragen geben mir Hinweise, wo mein »Instrument«, mein Herz, noch Reinigung oder Heilung braucht. Wo ich getrieben werde von dem Wunsch nach Anerkennung; danach, von Menschen geliebt, gesehen und gehört zu werden; wo ich nicht von der Liebe Gottes beflügelt bin.

- Müssen andere Menschen meinen Vorstellungen und Ansprüchen entsprechen? Lebe ich davon, dass andere so sind und das tun, was ich mir vorstelle?
- Lebe ich von der Liebe und der Bestätigung anderer Menschen oder eines bestimmten Menschen? Stärkt mich ihre Zuneigung? Bin ich mit anderen Menschen auf gesunde oder auf ungesunde Weise verbunden? Respektiere ich Grenzen von anderen und kann ich meine eigenen wahren?
- Darf ich Fehler machen, korrigiert werden? Lebe ich davon, es »gut« zu machen, Leistung zu erbringen? Kann ich zulassen, an meine Grenzen zu kommen, oder zerbricht mein Selbstbild, wenn ich etwas nicht schaffe? Kann ich Nein sagen? Darf ich schwach sein? Bedürftig?
- Wie geht es mir, wenn ich für eine Leistung keine Anerkennung erhalte? Wenn jemand anderes für eine vergleichbare Leistung viel mehr gelobt und gesehen wird?
- Bin ich versöhnt mit mir selbst? Mit meinem Aussehen, meinem Gewicht, meinem Alter, meiner Größe, meinem Mannsein oder Frausein? Kann ich mich annehmen, so wie ich bin?
- Bin ich zufrieden mit meiner beruflichen Situation? Konnte ich die Ausbildung machen, die ich mir gewünscht habe, oder trauere ich verpassten Gelegenheiten nach?
- Kann ich Ja sagen zu meinem Familienstand? Dazu, dass ich jetzt Single bin? Oder dazu, dass mein Ehepartner oder meine

Ehepartnerin nicht in allen Dingen meinen Vorstellungen entspricht? Zu der Kleinkinder-Phase, die mir Schlaf raubt? Zu den Kindern, die sich prügeln und im Supermarkt eine filmreife Szene hinlegen? Zu meinen Teenagern, die mich anschnauzen, nachdem ich zwei Stunden lang für eine passende Jeans im Laden herumgerannt bin?

- Bin ich versöhnt mit meiner Herkunftsfamilie? Kann ich sagen, dass ich Vater und Mutter liebe und ehre? Kann ich auch zulassen, dass sie fehlerhaft sind, oder bin ich darauf angewiesen, dass sie perfekt sind? Bin ich verbunden mit ihnen, aber auch frei von ihnen?
- Ist unsere Familienkultur gesund? Gibt es unausgesprochene Regeln? Sind unsere Beziehungen untereinander frei und versöhnt? Ertrage ich es, wenn jemand mein Kind nicht toll findet?
- Sehe ich mich als mündigen Menschen oder bin ich Opfer meiner Umstände, meiner Mitmenschen, der Politik? Kann ich damit leben, wenn etwas anders ausgeht, als ich es geplant habe?
- Kann ich mich Leitenden unterordnen? Kann ich akzeptieren, wenn etwas angeordnet wird, das ich anders machen würde? Kann ich meine Leiterinnen und Leiter respektieren und ehren, auch wenn sie nicht perfekt sind?
- Kenne ich meine »Lieblingssünden«? Weiß ich, was mir immer wieder den Frieden raubt? Kenne ich meine Ansprüche und Erwartungen, kann ich sie loslassen? Lebe ich im Licht oder habe ich dunkle Geheimnisse, von denen kein Mensch weiß?
- Habe ich den Menschen, die mir Unrecht getan haben, vergeben? Bin ich versöhnt mit allen Menschen? Habe ich mir mein bewusstes Unrecht bekannt und um Vergebung

gebeten? Bei Gott und bei den Menschen? Oder habe ich es unter den Teppich gekehrt?

Diese Liste müssen wir nicht abarbeiten. Wir müssen nicht perfekt sein, um Gottes Liebe und seine Worte in die Welt hinauszutragen. Das werden wir nie sein, solange wir leben. Wir sind zuallererst angenommen, wie wir sind – mit all unseren wunden Punkten, unserer Unvollkommenheit und aller Zerbrochenheit. Aber es braucht unsere Bereitschaft, hinzuschauen, wo unsere Stimme die Liebe Gottes verwässert, schmälert oder behindert.

Wo ist es nötig, dass wir unsere Quelle, unser Herz, aus dem das Leben fließt, von Gott reinigen lassen? Wir sind eingeladen, uns den dunklen Seiten in uns zu stellen. Sie machen Gott keine Angst. Nicht von ungefähr hat er schon immer absolut unvollkommene Menschen in seinen Dienst gerufen: Neben David und Mose fällt mir da auch Petrus ein, dessen Impulsivität und Feigheit wir vielleicht etwas belächeln. Oder Abraham, der kreativ nach eigenen Lösungen suchte, als er mit seiner Frau nach Ägypten zog und seine eigene Haut retten wollte. Und, und, und.

Heiße Kohlen

Immer hat Gott Menschen, denen er sein Reich anvertraute, an ihrem Herzen verändert und reifen lassen. Das gilt besonders für Menschen, die Eindrücke und Worte von ihm weitergeben. In einer Vision sah Jesaja, wie ein Engel seine Lippen mit einem glühend heißen Kohlestück berührte, weil er unreine Lippen hatte. Jesajas Lippen wurden gereinigt. Danach stellte er sich zu Gottes Verfügung und Gott sandte ihn zu seinem Volk (Jesaja 6,5-9). Mose hat nach dem Mord am Ägypter etliche Jahre in der Verborgenheit verbracht, bevor er von Gott gerufen wurde, sein Volk aus Ägypten zu befreien. Er wurde erst danach zum demütigsten Mann auf Erden, dem Gott sein Haus anvertraute. Jesus selbst verbrachte vierzig Tage in der Wüste und fastete, bevor er seinen Dienst in der Öffentlichkeit begann.

Petrus wurde durch die dreijährige, fast permanente Gegenwart von Jesus, durch das Zusammensein mit ihm geprägt, verändert und zu einem Apostel geformt. Später prägte er wiederum die Urgemeinde wesentlich mit. Genauso haben auch wir die Verheißung, dass wir durch das *Bleiben* am Weinstock Frucht bringen. Nicht durch eiserne Disziplin und nicht durch Selbstoptimierung. Gott bewirkt es in uns. Unser Anteil ist es, an diesem Jesus festzuhalten, an der Gemeinschaft und Intimität mit ihm.

> Gott bewirkt die Veränderung. Unser Anteil ist es, an Jesus festzuhalten.

Der Heilige Geist selbst bewirkt die Frucht des Geistes in uns und wir werden verwandelt in sein Bild (2. Korinther 3,18). Wir *werden verwandelt*. Präsens passiv! Gott tut es – allein unser Herz müssen wir ihm anvertrauen.

Manchmal braucht es andere Menschen dazu, die uns reflektieren und ehrliche Rückmeldungen geben. Menschen an unserer Seite, die mit uns um Heilung und Veränderung beten und die sich mitfreuen, wenn Gott wirkt. Ich bin gesegnet mit ein paar Freundinnen, die seit vielen Jahren ihr Herz mit mir teilen. Wir reden nichts schön, sondern ermutigen uns gegenseitig, jede »Gott-freie« Zone in unserem Herzen mit seinem Frieden füllen zu lassen. Hilfreich dabei ist, sich explizit die Erlaubnis zu erteilen, sich gegenseitig ins Leben sprechen zu dürfen.

Manchmal braucht es eine Person mit einem therapeutischen oder seelsorgerlichen Hintergrund. Womit ich beschenkt bin, das wünsche ich auch dir: eine Person, die dir einen Schritt voraus ist und die dich mitnimmt auf den Weg der Heilung und Freiheit.

Manchmal braucht es Vergebung. Manchmal braucht es Buße und Umkehr.

Immer wieder braucht es eine Entscheidung, nicht nach unserer alten Natur zu leben, sondern die neue Natur »anzuziehen« (Epheser 4,24) und unser Denken zu erneuern (Epheser 4,23). Wir dürfen uns dem Fleisch für gestorben halten (Galater 5,24) und das können wir täglich einüben. Gelegenheiten dazu gibt es genug. Wir nehmen seine Perspektive auf uns ein, die Sicht der Liebe und Hoffnung.

Wir dürfen davon ausgehen, dass Gott uns nicht Dinge zeigt, ohne einen Weg für unsere Heilung und Wiederherstellung zu bahnen. Was er uns zeigt, davon will er uns frei machen. Er ist nicht nur die Wahrheit und das Leben, sondern auch der Weg. Er selbst hat den Weg frei gemacht, unsere Krankheit, unsere Zerbrochenheit und unsere Schwachheit getragen.

In meinem Alltag mit Gott zu rechnen und Zerbrochenheit zuzulassen – für mich persönlich waren diese beiden Dinge Hauptfaktoren, die mich zu Gottes Herz rennen und mich erfahren ließen, wie groß seine Liebe wirklich für mich ist. Es sind gleichzeitig die Orte, an denen ich gelernt habe, seine Stimme immer besser und immer klarer zu hören.

Das Herz-Thema nimmt viel Raum ein. Wir haben schon bei den Hindernissen, Gott zu hören, darüber gesprochen. Vielleicht wunderst du dich darüber. Du wolltest vielleicht einfach ein Buch über das Hören der Stimme Gottes lesen. Aber unser Herz ist der Ort, an dem die Worte und die Pläne Gottes auf uns Menschen treffen und von da ins Leben hinein und zu anderen Menschen weiterfließen. Es ist die Schaltstelle, wo Gott auf uns Menschen trifft. Wenn dieses Gefäß gepflegt und gereinigt wird, kann sich Gottes Liebe wie bei einem Prisma multiplizieren und in leuchtenden Farben erstrahlen, Hoffnung und Leben verbreiten und Wachstum ermöglichen.

> *Unser Herz ist die Schaltstelle, wo Gott auf uns Menschen trifft. Es steht im Fokus.*

Wo unser Herz noch von Unreinheit, Unfreiheit, Anklage und Schmerz gefangen ist, werden wir diese unbändige Liebe Gottes nicht pur widerspiegeln. Es wird einen schalen Nachgeschmack haben, wann immer wir aus Verletzung reden und handeln. Gott will uns von all dem, was uns von seiner Liebe trennt, frei machen.

14 Leben aus dem Zufluchtsort

Wir sind von allen Seiten bedrängt, aber wir ängstigen
uns nicht. Uns ist bange, aber wir verzagen nicht.
Wir leiden Verfolgung, aber wir werden nicht verlassen.
Wir werden unterdrückt, aber wir kommen nicht um.
2. Korinther 4,8-9

David ist mir ein Vorbild. Er lebte aus der Gemeinschaft und Intimität mit Gott. Seine Kraft kam aus der Freundschaft mit Gott. Als er am Tiefpunkt seiner Karriere angelangt war – Schlacht verloren, Frauen und Kinder entführt, seine eigene Mannschaft entmutigt und gegen ihn –, lesen wir:

Und David geriet in große Bedrängnis, weil das Volk ihn steinigen wollte; denn die Seele des ganzen Volks war erbittert, ein jeder wegen seiner Söhne und Töchter. David aber stärkte sich in dem Herrn, seinem Gott.
1. Samuel 30,6

David hat ein Geheimnis entdeckt, dem ich mit Sehnsucht auf der Spur bin. Die Gegenwart Gottes war sein Raum der Geborgenheit. Die Gegenwart Gottes war der Ort der Entscheidungen, der Strategie, des Trostes, der neuen Perspektive, der inneren Heimat. Das ist auch für uns möglich. Die Gegenwart Gottes kann auch für uns im Hier und Jetzt dieser Raum der Geborgenheit, dieser Zufluchtsort, sein. Es ist der Raum, an dem ich Frieden, Trost, Ermutigung und neue Kraft erhalte. Dieser Ort ist die Zweisamkeit mit Gott.

Zweisamkeit mit Gott

Es gibt viele Dinge, die mir helfen, in die Zweisamkeit und Intimität mit Gott zu kommen, auch wenn ich alles problemlos ohne Gott tun könnte. Das Erste, Offensichtlichste und gleichzeitig Herausforderndste ist, sich Zeit zu nehmen. Zeit, um ausschließlich mit Gott zusammen zu sein. Ich bete mit Liedern oder Psalmen an, bin still, nehme wahr, lese in der Bibel, genieße die Schönheit der Natur, nehme proklamierend seine Verheißungen in Anspruch oder gebe Gottes Wesen Raum: seinem Frieden, seiner Gnade, seiner Freude, seinem Trost.

Ich habe festgestellt, dass am Anfang meiner Zeit mit Gott aktives Tun (nach draußen gehen, anbeten etc.) einfacher ist, als still auf Gott zu warten. Beim stillen Warten gehen mir oft tausend Gedanken durch den Kopf oder ich werde urplötzlich sehr schläfrig.

Aus diesem Zufluchtsort, dem Raum der Gegenwart Gottes und der Intimität mit ihm, will ich leben. Es ist der Raum, der mich stärkt und mir Sicht gibt. In der Zweisamkeit mit Gott treffe ich wichtige Entscheidungen, kämpfe für meine Kinder, bitte um Klarheit in beruflichen Herausforderungen, lasse Tränen fließen. Aus der Begegnung mit Gott kommt meine Stärke, nicht von Menschen. Mein Zufluchtsort ist der Raum der Begegnung mit Gott.

> Aus dem Zufluchtsort, dem Raum der Gegenwart Gottes, und der Intimität mit ihm will ich leben.

Manchmal ist dieser Ort der Verborgenheit auch wie in einer Wolke. In Zeiten von großer Not ist mein Herz nicht in der Lage, Gottes Gegenwart wahrzunehmen. Meine Gedanken sind ein einziger wirrer Haufen, der sich auch nach einer halben Stunde Liedersingen nicht auflöst. Es gibt diese Zeiten, in denen Gottes Gegenwart unserer Seele verborgen bleibt. Das wird zum Beispiel im Hohelied beschreiben: »Des Nachts auf meinem Lager suchte ich, den meine Seele liebt. Ich suchte, aber ich fand ihn nicht« (Hohelied 3,1). Gott lässt sich nicht finden! Doch so schmerzhaft es ist: Manchmal lässt Gott Zeiten zu, in denen wir uns neu aufmachen und ihn suchen müssen. Einmal habe ich diesen Zustand über mehrere Monate erlebt. Wenn ich zu Gott kam, fand ich keine Worte, mein Herz fand keine Ruhe, ich hörte nichts und spürte nichts, außer der großen Leere, die alle Empfindungen vertrieb. Es war eine äußerst schmerzhafte Zeit.

Diese Zeiten haben in mir ein Bewusstsein und eine Ehrfurcht für die spürbare Gegenwart Gottes bewirkt, für sein hörbares Reden. Ich bin mir mehr denn je bewusst, dass es ein großes Geschenk ist, wenn ich Gott höre und ihn wahrnehme. Gottes Gegenwart ist reine Gnade. Sie ist mir kostbar geworden, wie ein unendlicher Schatz.

> *Ich sehne mich danach, dass der Raum der Gegenwart Gottes meine Heimat wird.*

In mir ist eine innere Gewissheit gewachsen, dass Gott da ist, auch wenn ich ihn nicht wahrnehme. Es fühlt sich an, wie auf dem Wasser zu gehen: Ich sehe nichts, sondern vertraue blind. Ich vertraue nicht auf das, was ich sehe oder fühle, sondern auf die Liebe und Gnade Gottes, die Person Jesu Christi, den himmlischen Vater.

Der Ort der Verborgenheit mit Gott ist mir Heimat geworden. Auch wenn es immer noch meine größte Herausforderung ist, mir Zeit zu nehmen. Wenn ich mich in diesem Raum befinde, werde ich ermutigt und gestärkt. Meine Liebe zu Gott und zu Menschen, auch zu mir selbst, kann hier wachsen. David ging es wohl ähnlich: Aus dem Erleben der Zweisamkeit mit Gott fasste er wieder Mut, sein Heer anzuführen, obwohl es sich ihm aus verständlichen Gründen entgegengestellt hatte. Auch von Josua lesen wir, dass er »nicht aus dem Zelt der Begegnung wich« (2. Mose 33,11). Es war bestimmt kein Zufall, dass er derjenige war, der zusammen mit Kaleb Gottes Absichten mit dem verheißenen Land erkannte und dessen Worte von Vertrauen geprägt waren. Er kannte diesen Gott und er traute ihm alles zu. Er kannte ihn, weil der Raum der Gegenwart Gottes seine Heimat geworden war.

Die Taube auf der Schulter

Ich habe bisher zweimal in meinem Leben erlebt, dass ich eine Woche lang ununterbrochen im Frieden Gottes war. Mein Leben war wie immer: Haushalt, Kinderstreit, Hausaufgaben, Spielplatz, Arbeit, Einkauf. Aber alles fand in einem übernatürlichen Frieden statt, der einfach nicht wich, egal, was gerade passierte. Ich fühlte mich eine Woche lang wie in einem Wattebausch, weich und warm, geborgen und friedvoll.

Der Alltag hat es in sich – es gibt ja so viele Gelegenheiten, so viele Dinge, die mir Hoffnung und Leben rauben wollen. Die mir die Geborgenheit, die ich in meinem Zufluchtsort erfahren habe, wieder nehmen wollen. Das kann sehr schnell gehen, vor allem, wenn wir nicht darauf gefasst sind.

Es gibt Dinge, die mir dabei helfen, in der Gegenwart Gottes, in seinem Frieden, zu bleiben, auch wenn ich mit Alltagsdingen beschäftigt bin. Zum Beispiel Anbetungsmusik. Meistens gibt es ein Lied, das eine Zeit lang besonders zu mir spricht, und das höre ich dann rauf und runter. Wenn es möglich ist, spiele ich mit meiner Geige mit. Oder ich singe am Klavier oder mit der Gitarre. Ermutigende Predigten per Podcast oder auf YouTube helfen mir auch immer wieder. Die höre ich besonders gern, wenn ich Sport mache oder abwasche. Viele kleine Dinge in unserem Haus erinnern mich an Gottes Liebe und an seine Herrlichkeit: Bilder von prophetischen Künstlerinnen, ein Buch, ein Blumenstrauß, ein Licht, eine ruhige Ecke.

Bill Johnson vergleicht die Gegenwart Gottes mit einer Taube, die auf der Schulter sitzt.[29] Mit dieser Taube auf der Schulter bewegen wir uns sachte, weil wir sie um keinen Preis vertreiben wollen. Ich finde, das ist ein schönes Bild für die Gegenwart des Heiligen Geistes. Ich kultiviere die Gegenwart Gottes, indem ich bewusst in meiner neuen Natur lebe, die sich vom Wort und von der Kraft Gottes ernährt und aus dem Nehmen lebt. Ich steige bewusst in das Flugzeug, das für mich bereitsteht. Und natürlich gelingt es nicht immer, sondern es ist ein tägliches Üben.

Ein spanischer Ordensbruder, Pedro Arrupe SJ, beschreibt in seinem Gedicht wunderschön die Gegenwart Gottes im Alltag:

Nichts ist praktischer,
als Gott zu finden –
sich in einer sehr absoluten,
endgültigen Weise zu verlieben.
Das, was du liebst,
was deine Vorstellungskraft beherrscht,
wird nichts unberührt lassen.
Es entscheidet darüber,
was dich am Morgen veranlasst aufzustehen,
was du mit deinen Abenden anfängst,
wie du deine Wochenenden verbringst,
was du liest,
wen du kennenlernst,
was dir das Herz bricht
und was dich in Erstaunen,
Freude oder Dankbarkeit versetzt.

*Liebe, bleib in der Liebe,
und das wird alles entscheiden.*
Pedro Arrupe SJ

Die Liebe macht den Unterschied. Es ist die Liebe, die uns zieht; die unendliche, unfassbare Güte Gottes, die uns in seine Arme treibt. Und es ist diese Liebe, die wir mit dem Hören auf Gott und mit dem Weitergeben von seinen Worten auch weitergeben wollen.

Segensreiche Beziehungen

In der Rede über die Endzeit hat Jesus klargemacht, dass wegen Ungerechtigkeit in vielen Christinnen und Christen die Liebe zu Gott erkalten wird (Matthäus 24,12). Die Liebe zu Gott ist umkämpft, vor allem angesichts der Not und der Widrigkeiten der Welt. Es ist anstrengend, Gott zu vertrauen, wenn es in der Welt um uns herum tobt. Wenn wir in der Alltagsroutine zu versinken drohen. Wir können versuchen, die Gegenwart Gottes zu kultivieren und einen Lebensstil des Hörens, des Sehens, des Sprechens einzuüben. Wir können uns in unserer neuen Heimat an Gottes Seite wissen und uns unserer neuen Identität bewusst sein, aber wir brauchen Ermutigung. Allein geht es nicht. Wir brauchen Gemeinschaft, wir brauchen einander.

In meinem eigenen Leben habe ich festgestellt, dass es in erster Linie Beziehungen waren, die mich ermutigt haben, am Herzen Gottes zu bleiben, seine Gegenwart immer wieder neu zu suchen, ihn um Rat zu bitten und den Zufluchtsort immer wieder aufzusuchen.

Ich bin gesegnet mit Weggefährtinnen, die an meiner Seite sind. Es sind Freundinnen, mit denen ich regelmäßig bete und mich austausche. Sie bringen mich weiter, indem sie mich ermutigen, herausfordern, stärken. Sie helfen mir, im Hören auf die Stimme Gottes und darin, mit Gott im Alltag zu leben, zu wachsen. Christina Schöffler schreibt über ihre Weggefährtinnen: »Wir haben uns unsere Wünsche und tiefsten Ängste anvertraut, unsere Lieblingssünden, die kleinen und die großen Kämpfe, Dinge, die wir angehen wollten – verbunden mit der Bitte: ›Frag mich beim nächsten Mal wieder danach!‹«[30] Genauso erlebe ich die Beziehung mit meinen Weggefährtinnen.

Ich bin auch gesegnet mit zwei geistlichen Begleiterinnen, die einen Weg vorausgegangen sind und von denen ich lernen darf. Sie sind bei Fragen und Unsicherheit zur Stelle, sie bestärken und ermutigen mich liebevoll, klar und unermüdlich. Sie sind an der Seite des Vaters positioniert und sprechen und handeln aus dieser Perspektive heraus.

Dann gibt es auch Menschen, denen ich dienen und vorausgehen darf. Das ist ein großes Privileg. In jeder der drei Ebenen von Beziehungen wachse und lerne ich.

Menschen an der Seite zu haben, die mein originales Design zu sehen vermögen, die einen oder mehrere Teile meiner Berufung und Identität erkennen und mit ihren Worten, ihren Taten und ihrer Freundschaft in Existenz rufen – das ist eines der größten Geschenke. Denn genau solche Menschen wollen wir für andere werden und sein!

Epilog
Botschafter von Gottes Reich

> Denn wie der Mensch in seinem Herzen denkt,
> so redet er.
> *Lukas 6,45; NGÜ*

Gottes Stimme hören – eine neue, abenteuerliche Welt tat sich mir vor vielen Jahren auf. Bis heute bin ich mit meinem himmlischen Vater einen weiten Weg gegangen, habe unaufhörlich dazugelernt und lerne täglich weiter. Vor allem habe ich mehr und mehr ihn selbst, sein Herz, kennengelernt. Immer wieder hat es mich überrascht, wie gütig und liebevoll seine Sicht ist. Das prägt und verändert mein Herz. Und so wurde das Buch über das Hören der Stimme Gottes und über einen prophetischen Lebensstil auch zu einem Buch über unsere neue Identität, das Leben im Geist, und unsere neue Heimat, den Platz an Gottes Seite. Und über unser Herz.

Mose war der herausragendste Prophet Gottes. Er glänzte nicht mit seinen Worten. Seine Nähe zu Gott und sein Leben sagten mehr aus, als Worte es vermocht hätten. Er prägte mit seinem Leben, das aus der Beziehung mit Gott erwuchs, ein ganzes Volk.

> Auch wir prägen. Was wir tun oder sagen, was wir glauben und denken – alles hat Auswirkungen auf andere. Wir sind immer Botschafterinnen und Botschafter.

Aus welcher Perspektive heraus sind wir das? Was ist für uns real – ist es das Reich Gottes oder ist es das, was für unsere natürlichen Augen sichtbar ist? Aus welcher Realität reden und handeln wir? Haben wir die Möglichkeiten und die Kraft Gottes vor Augen wie Josua und Kaleb? Sprechen wir mit unseren Worten das Undenkbare in Existenz wie Hesekiel? Kennen wir den unerschütterlichen Zufluchtsort wie David?

Ich träume von einem hörenden Volk, das aufmerksam und mit wachem Herzen durch die Welt geht, weil es in der Gegenwart Gottes Heimat gefunden hat. Das verbunden ist mit dem himmlischen Vater, im Gespräch, im Schweigen oder im Handeln, und sich von seinem Frieden leiten lässt. Menschen, die andere Menschen und auch sich selbst im Licht der Liebe Gottes sehen und die auch in schwierigen Umständen nicht zurückweichen, weil sie Gottes Perspektive einnehmen. Sie sind demütig und kraftvoll und sprechen ohne Angst Gottes Wahrheit aus, Worte voller Leben und Hoffnung.

Wir brauchen Hoffnung und Ermutigung in unserer Welt! Wir brauchen Priesterinnen und Priester, die uns an die höhere Realität erinnern. Und die willens sind, die Perspektive des himmlischen Vaters zu ihrer eigenen zu machen. Wir brauchen Ermutigerinnen und Ermutiger, Botschafterinnen und Botschafter des Reiches Gottes!

Wir brauchen Lehrpersonen, die ihre Schülerinnen und Schüler mit den Augen Gottes sehen und mit ihrem Handeln und ihren Worten bewirken, dass sie zu den Menschen werden, die Gott sich gedacht hat. Und die dem Frieden und den Ordnungen Gottes im Schul- und Bildungssystem Raum geben.

Wir brauchen Geschäftsleute, die sich von Gott Strategien geben lassen und die mit ihrem Ehrenkodex die Geschäftswelt prägen. Die ihre Mitarbeitenden und ihre Geschäftspartner mit den Augen

Gottes sehen und so eine Kultur der Wertschätzung und Hoffnung schaffen.

Wir brauchen hörende Menschen in der Politik, die mit Weisheit und Liebe für die Ordnungen Gottes eintreten. Und die respektvoll und mit der Sicht Gottes mit Andersdenkenden umgehen.

Wir brauchen Journalisten, Künstlerinnen und Künstler, die die himmlische Perspektive einnehmen, nach dem Willen des Vaters fragen und mit ihren Werken die unsichtbare Realität verkünden und Gott verherrlichen, sodass auch Menschen berührt werden, die Gott noch nicht kennen.

Wir brauchen Kirchen, Gemeinden und christliche Gemeinschaften, die die Pläne Gottes zuoberst auf ihrer Agenda haben, die zuerst Hörende und dann Handelnde sind.

Wir brauchen Menschen, deren drängendste Frage im Angesicht allen Leides ist: »Was willst du tun, Vater?«

Gott selbst bewirkt in uns, was er schaffen möchte. Er hat uns mit seinem Heiligen Geist ausgestattet, der alles in uns tut. Der uns erinnert, lehrt, tröstet. Das Leben mit und in diesem Geist ist ein Leben voller Frieden und Kraft. Wir sind Botschafterinnen und Botschafter des Reiches Gottes, des Gottes des Lebens und der Hoffnung. Im Hören, im Sehen, im Sprechen und mit unserem Leben. Ich wünsche dir und mir, dass wir diesen Frieden und diese Kraft immer mehr entdecken.

Für dich und für mich will ich einen Segen aussprechen:

Geht in der Kraft, die euch gegeben ist:
einfach, leichtfüßig, zart.
Haltet Ausschau nach der Liebe. Gottes Geist geleite euch.[31]

Danke

Dieses Buch ist nicht im Alleingang entstanden. Es ist das Ergebnis einer Reihe von Erfahrungen und Erkenntnissen vieler, von Ermutigung und Freundschaft und der Gelegenheit, einen Ort zu haben, an dem Träume gelebt werden dürfen.

Danke, Annalena Pabst, für diese wunderbare Zusammenarbeit beim Schreiben des Buches. Ich habe keine Erfahrung mit Lektorinnen, aber du bist das Beste, was mir passieren konnte. Du bringst Dinge auf den Punkt und schärfst sie wie keine andere. Und es macht einfach Spaß und ist inspirierend, mit dir im Austausch zu sein!

Danke, Rebekka, für deine Freundschaft. Du inspirierst mich und schenkst mir immer wieder eine neue Perspektive. Zusammen erklimmen wir Höhen und gehen durch Tiefen. Ganz vieles in diesem Buch habe ich mit dir erlebt, durchgekaut, erkannt. Danke, dass wir Seite an Seite laufen dürfen.

Danke, Kerstin Hochuli und Catrin Küllmer, für eure unermüdliche Unterstützung und Ermutigung, euer Mitgehen; dafür, dass ihr Dinge seht und glaubt und so in Existenz ruft.

Danke, Monika Flach – deine Erkenntnisse über das Reich Gottes haben mein Leben geprägt und nachhaltig verändert.

Danke, Thomas Bucher und Crew – ihr schafft Raum, damit Träume wahr werden. Wo ihr Reich Gottes baut, weht der Heilige Geist.

Zuletzt möchte ich dir, Franco, Danke sagen. Du bist mein bester Freund! Du kennst mich wie niemand anders, hinterfragst und ermutigst mich ehrlich und hast mir immer den Rücken freigehalten, damit dieses Buch entstehen konnte. Du lässt mich fliegen. Ich liebe dich.

Leseempfehlungen

Baar, Hanne: Vom Oje zum Aha! Beiträge zu einer christlichen Tiefenpsychologie, Berlin: Hymnus 2008.

Bello, Charles; Reschke, Kristian: Gebet als Begegnung. Kontemplatives Leben im 21. Jahrhundert. Vaihingen/Enz: Grain Press 2012.

Bolz, Shawn: Translating God. Hearing God's Voice for Yourself and the World Around You, Glendale: Newtype Pub 2015.

Cooke, Graham: Developing You Prophetic Gifting, Tonbridge: Sovereign World Ltd 2000.

Ingold, Ilona: Hörst du mich? Prophetisch leben, Winterthur: Schleife Verlag 2014.

Nouwen, Henri J. M.: You Are the Beloved: Daily Meditations for Spiritual Living, Convergent Books 2017.

Thompson, Steve: Alle können prophetisch reden. Praktische Anweisungen zum prophetischen Dienen, Winterthur: Schleife Verlag 2000.

Vallotton, Kris: Schule der Propheten. Training für Fortgeschrittene im prophetischen Dienst, Vaihingen/Enz: Grain Press 2016.

# Anleitung zur Lectio Divina[32]

1. **Bereitschaft**: Finde einen Ort, an dem du ruhig werden kannst und ungestört bist. Wähle eine kurze Bibelstelle oder einen Vers. Bitte Gott, dich während dieser Gebetszeit zu treffen. Lege dein geistliches Tagebuch bereit, wenn du möchtest.
2. **Lectio – Lesen (5 Minuten)**: Lies den Vers langsam, gib jedem Wort deine Beachtung. Achte auf die kleine, leise Stimme Gottes. Gib acht, ob ein Wort oder Satzteil deine Aufmerksamkeit besonders anzieht.
3. **Meditatio – Bedenken (10 Minuten)**: Bedenke das Wort oder den Vers, das oder der dich besonders angesprochen hat. Benutze deinen Verstand und Sinn, um es zu analysieren: Schreibe alle Assoziationen auf, die dir dazu kommen (auch wenn sie erst mal abwegig erscheinen). Schreibe alle Emotionen oder Erinnerungen auf, die das Wort in dir weckt.
4. **Oratio – Antworten (10 Minuten)**: Antworte auf das Wort (das kann schriftlich oder mündlich geschehen). Frage Gott, warum gerade dieses Wort deine Aufmerksamkeit bekommen hat – was möchte er dir damit sagen? Rede mit Gott darüber, was du empfindest oder hörst. Nimm dir Zeit, weiter zu hören.
5. **Contemplatio – Ruhen (5 Minuten)**: Ruhe in Gottes Gegenwart. Sei innerlich und äußerlich einfach still in seiner Gegenwart.
6. **Vertiefende Wiederholung**: Kehre immer wieder zu dem Vers und deinen Gedanken während des laufenden Tages zurück. Kehre zurück mit der Intention, das, was Gott zu dir gesprochen hat, Teil deines Seins werden zu lassen.

Anmerkungen

1. Herbst, Michael: Lebendig! Vom Geheimnis mündigen Christseins, Witten: SCM R.Brockhaus 2018, S. 49.
2. Vgl. Cooke, Graham: Developing Your Prophetic Gifting, Tonbridge: Sovereign World Ltd 2000.
3. Trainingsgruppe »Hörendes Gebet«, Ref. Kirche Hirzenbach, Zürich. URL: https://www.stefanskirche.ch/traininghoerendesgebet (letzter Aufruf: 10.03.2020).
4. Gehört von Nina Krauer, Leiterin Prophetisches Team der »Stiftung Schleife«, Winterthur (Schweiz).
5. Vgl. Bolz, Shawn: Translating God, Glendale: Newtype Pub 2015.
6. Jäggi, Dave: Ausgerüstet mit allem was du brauchst! Ist das Reden Gottes abhängig von meinem Gottesbild?, www.sola-gratia.ch, 24.06.2017. URL: https://sola-gratia.ch/gott-spricht-heute-nicht-subjektiv/(letzter Aufruf: 10.03.2021).
7. Zitiert in: Flach, Monika: Prophetic people, Ludhiana: Kingdom Impact 2018, S. 51.
8. Vallotton, Kris: Schule der Propheten. Training für Fortgeschrittene im prophetischen Dienst, Vaihingen/Enz: Grain Press 2015, S. 40–41.
9. Vgl. Taglieber, Bernd u. Reabricht, Steffen: Innere Antreiber Transaktionsanalyse, www.transaktionsanalyse-online.de, 04.12.2020. URL: https://www.transaktionsanalyse-online.de/innere-antreiber/ (letzter Aufruf: 10.03.2021).
10. Unter »Leseempfehlungen« findet sich eine Liste von Büchern, die für das Hören, das Interpretieren und das Weitergeben von Prophetischem hilfreich sind.
11. Vallotton, Kris: Schule der Propheten. Training für Fortgeschrittene im prophetischen Dienst, Vaihingen/Enz: Grain Press Verlag 2015, S. 109.
12. Ich habe an diesem Punkt entscheidende Veränderung durch die Predigten von Monika Flach erlebt. Vgl. Flach, Monika: Leben mit dem Unsichtbaren. Praktische Anleitung für ein Leben im Geist, Block 2, Pfullendorf-Denkingen: Kingdom Impact 2006 (6 DVDs).
13. Cocking, Pat: Den Himmel offen sehen. Natürlicher Umgang mit dem Übernatürlichen, Berlin: Down to earth Verlag 2015, S. 34.
14. Karl, Georg: Reise in die Herrlichkeit. Denn die Erde wird davon erfüllt sein, die Herrlichkeit des Herrn zu erkennen, wie die Wasser die Meere bedecken, epubli 2016, S. 89.
15. Das Gleichnis ist nachzulesen in Lukas 15,25-32.
16. Cooke, Graham: Crafted Prayers, Santa Barbara: Brilliant Book House 2003.

[17] Scazzero, Peter: Emotional gesund leiten. Was Sie stark macht für Gemeinde und Beruf, Gießen: Brunnen Verlag 2015, S. 183–184.
[18] Jalics, Franz: Kontemplative Exerzitien, Würzburg: Echter 1999, S. 35–36.
[19] Eine Kurzanleitung findet sich am Ende des Buchs.
[20] Eckert, Till: »Schäm dich«. Dinge, die Eltern ihren Kindern besser nicht sagen sollten, www. ze.tt, 30.01.2019. URL: https://ze.tt/lerne-dein-kind-zu-verstehen-dinge-die-eltern-ihren-kindern-nicht-sagen-sollten/ (letzter Aufruf: 10.03.2021).
[21] Gehört von Ilona Ingold bei einem prophetischen Training für Teams aus verschiedenen Gemeinden, Stiftung Schleife, Winterthur (Schweiz).
[22] Vgl. ebd.
[23] Bolz, Shawn: Translating God, S. 73.
[24] Brown, Brené: Verletzlichkeit macht stark. Wie wir unsere Schutzmechanismen aufgeben und innerlich reich werden, München: Goldmann Verlag 2017, S. 57.
[25] Ebd., S. 70.
[26] Nouwen, Henri: You Are the Beloved. Daily meditations for spiritual living, Colorado Springs: Convergent Books 2017, S. 227 (eigene Übersetzung).
[27] Baar, Hanne: Vom Oje zum Aha!, S. 9.
[28] Nouwen, Henri: You Are the Beloved, S. 227 (eigene Übersetzung).
[29] Johnson, Bill: Träger seiner Gegenwart. Die Pläne des Himmels enthüllen, Vaihingen/Enz: Grain Press Verlag 2013.
[30] Schöffler, Christina: Einander nach Hause begleiten, in: JOYCE 4/19, Witten: SCM Bundesverlag 2019, S. 40–42.
[31] Segen der ökumenischen Versammlung von Canberra 1991, zitiert in: Reformiertes Gesangbuch der Evangelisch-reformierten Kirchen der deutschsprachigen Schweiz, Zürich: Friedrich Reinhardt Verlag Basel und TVZ 1998, S. 397.
[32] Vgl. Bello, Charles; Reschke, Kristian: Gebet als Begegnung. Kontemplatives Leben im 21. Jahrhundert, Vaihingen/Enz: Grain Press 2012.

Melanie Carstens (Hrsg.)

Nach Hause kommen
12 Wege, Gott im Alltag zu begegnen

Gott ist ein vielfältiger Gott. Und so vielfältig und bunt sind die Möglichkeiten, ihm nahe zu sein.
In diesem Buch teilen 12 Autorinnen ihre persönlichen Wege, bei Gott anzukommen. Ein wunderschöner Begleiter für geborgene Zeiten mit Gott.

Gebunden, 17 x 23,5 cm, 160 Seiten
Nr. 226.970, ISBN 978-3-417-26970-3

Tanja Mühlan

Im Thronsaal
Eine berührende Reise zum Vater

Lange Zeit hat Tanja Mühlan auf eine Begegnung mit ihrem Vater im Himmel gewartet – und Gott führt sie als Antwort in seinen Thronsaal.
Sie lädt auf eine Reise in die Gegenwart Gottes ein, eine Reise zu innerer Heilung, Veränderung und Ermutigung durch ihn.

Gebunden, 13,5 x 21,5 cm, 160 Seiten
Nr. 226.941, ISBN 978-3-417-26941-3
Auch als E-Book

SCM
R.Brockhaus

Fabienne Sita

Die Treppe
Eine ungewöhnliche Begegnung mit Gott

Vor ihrem inneren Auge sieht Fabienne Sita Bilder und Szenen eines Thronsaals und schreibt nieder, was sie mit Gott erlebt. Über mehrere Wochen hinweg erfährt sie, wie sich ganze Geschichten in ihrem Kopf abspielen, in deren Bildern sie Lösungen für Probleme entdeckt oder ermutigende Gedankenanstöße.

Nur als E-Book *e* erhältlich
Nr. D226.726, ISBN 978-3-417-22833-5

Was Frauen inspiriert

JOYCE

JOYCE ist eine Freundin, die Frauen in ihrem herausfordernden Alltag zwischen Familie, Beruf und Berufung begleitet. Dazu gehören: Stärkung für den Glauben, Inspiration durch neue Ideen, Ermutigung zum Anpacken – und die Erinnerung, auch sich selbst immer wieder etwas Gutes zu tun.

Ein Abonnement (4 Ausgaben im Jahr) erhalten Sie in Ihrer Buchhandlung oder unter:

www.bundes-verlag.net

Deutschland:
Tel.: 02302 93093-910
Fax: 02302 93093-689

Schweiz:
Tel.: 043 288 80-10
Fax: 043 288 80-11

www.joyce-magazin.net

SCM
Bundes-Verlag